Ludwig Joachim Karl Kaemmerer

Chodowiecki

Ludwig Joachim Karl Kaemmerer

Chodowiecki

ISBN/EAN: 9783743434783

Hergestellt in Europa, USA, Kanada, Australien, Japan

Cover: Foto ©Andreas Hilbeck / pixelio.de

Manufactured and distributed by brebook publishing software (www.brebook.com)

Ludwig Joachim Karl Kaemmerer

Chodowiecki

Von

Ludwig Kaemmerer

Mit 204 Abbildungen nach Gemälden, Radierungen
und Zeichnungen

Bielefeld und Leipzig
Verlag von Velhagen & Klasing
1897

Von diesem Werke ist für Liebhaber und Freunde besonders luxuriös ausgestatteter Bücher außer der vorliegenden Ausgabe

eine numerierte Ausgabe

veranstaltet, von der nur 100 Exemplare auf Extra-Kunstdruckpapier hergestellt sind. Jedes Exemplar ist in der Presse sorgfältig numeriert (von 1—100) und in einen reichen Ganzlederband gebunden. Der Preis eines solchen Exemplars beträgt 20 M. Ein Nachdruck dieser Ausgabe, auf welche jede Buchhandlung Bestellungen annimmt, wird nicht veranstaltet.

Die Verlagshandlung.

Druck von Fischer & Wittig in Leipzig.

Abb. 2. Titelvignette zu Cramers Unterhaltungen. Berlin 1751. E. 376.

Vorbemerkung.

Über Daniel Chodowiecki ist mehr geschrieben worden, als von ihm zu sagen ist. Mit einer die Gewissenhaftigkeit des Meisters selbst fast noch übertreffenden Sorgfalt hat Wilhelm Engelmann in seinem beschreibenden Verzeichnis[1]) alles zusammengetragen, was wir über die Radierungen Chodowieckis, ihre Zeitfolge und ihre verschiedenen Abdrucksgattungen wissen, und unlängst erst ist aus der Feder Wolfgangs von Oettingen eine umfassende und eindringende Darstellung seines Lebens und seiner Kunst erschienen, die wohl auf lange Zeit die Chodowieckiforschung abschließt. Die Abbildungen unseres Buches indes, die in solcher Fülle bisher noch keinem Werk über den Meister beigegeben wurden, rechtfertigen allein schon den Versuch, Chodowiecki auch dem großen Kreise näher zu bringen, für den er besonders gearbeitet: dem deutschen Hause, der deutschen Familie. Sehen ist in der Kunst mehr als Lesen, und Chodowieckis Kunst recht sehen lehren sollen vor allem die nachfolgenden Blätter.

---

[1]) W. Engelmann, Daniel Chodowieckis sämtliche Kupferstiche. Leipzig 1857. Die Nummern dieses Verzeichnisses werden im Folgenden mit E. bezeichnet.

Berlin.

Ludwig Kaemmerer.

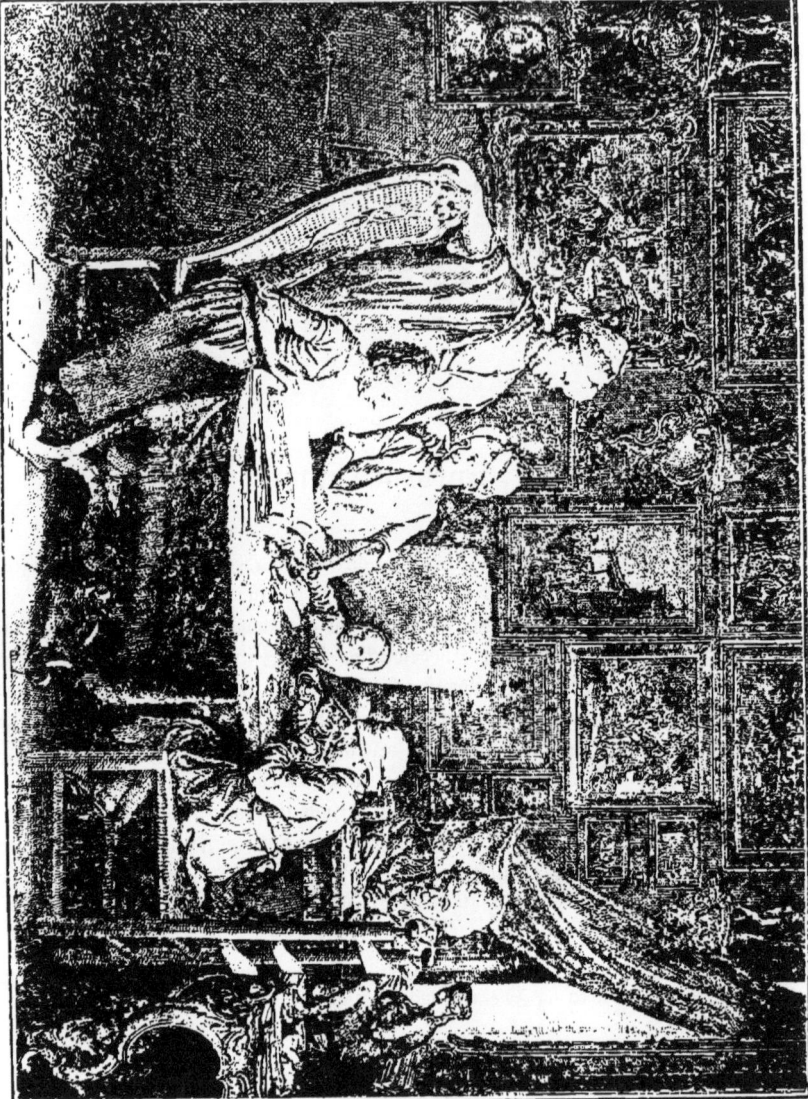

Abb. 4. Studien. 1771. E. 80.

Daniel Chodowiecki.

In meines Vaters Arbeitszimmer, dessen Wände zahlreiche Kupferstiche und Schabkunstblätter zierten, und das mir früh schon traulicher wurde als die Kinderspielstube, hing über einem Klapptisch, den altväterischer Hausrat, fridericianische Tabaksdosen, Zinnteller und Meerschaumpfeifen bedeckten, in schlichtem Mahagonirahmen eine Radierung, die sich meiner kindlichen Einbildungskraft besonders tief einprägte — wohl, weil sie gleich einem Spiegel das Behagen, das uns hier so oft umfing, verdoppelte: um einen runden Tisch drängen sich fünf Kinder; das älteste Mädchen beugt sich über einen großen schweinsledernen Band mit Kupferstichen, ihr gegenüber zeichnet ein etwa zehnjähriger Knabe eifrig, ohne sich von dem kleinen neugierig zudrängenden Brüderchen stören zu lassen, während die ältere Schwester für die Sorgfalt, mit der sie sich des Jüngsten annimmt, von der herantretenden Mutter mit dankbar liebevollem Blick belohnt wird. Diese zärtliche Gruppe hebt sich von dem halbdunklen Hintergrund des mit Kunstwerken überreich geschmückten Zimmers ab, in dessen einer Ecke am hohen, hellen Fenster der Familienvater vor einem kleinen Zeichentischchen sitzt und, den Pinsel in der Hand, scharf über die Brille weg zu den Seinen hinüberblickt. Das Blatt trug die Inschrift: „Cabinet d'un peintre". Doch da das Interesse für Bilder früher in mir wach war,

als das Verständnis des Französischen, bat ich meinen Vater um eine Erklärung. Mit wachsender Teilnahme hörte ich, daß der Mann in der Ecke sich selbst und die Seinigen dargestellt habe just in dem Moment, wie er sie malte, daß er aus unserer Vaterstadt Danzig stamme und ein berühmter Kupferstecher gewesen sei.

Solche Jugendeindrücke bestimmen oft unser Urteil für alle Zeit. Die Empfindung oder Wahrnehmung, die uns an Erlebnisse, Zustände und Gefühle der Jugendzeit erinnert, gewinnt schon dadurch an Stärke und meist auch an Wohligkeit. So hat der Anblick des geschilderten Blattes von Daniel Chodowiecki stets in mir das Gefühl jener Traulichkeit ausgelöst, die wir so gern im Alter der sorglosen Kinderzeit andichten. Aber dies ist doch wohl nicht nur dem Zufall zuzuschreiben, der mich als Kind mit einer der liebenswürdigsten Schöpfungen meines Landsmannes bekannt machte, sondern auch der Kraft, die dessen Kunst schon auf ein Kindergemüt wirken ließ, jener Macht, über die nur ein echtes Kindergemüt selbst verfügt. Wenn man Chodowiecki ein Kind seiner Zeit nennt, darf man den Ton ebensowohl auf Kind wie auf Zeit legen. Und damit ist des Künstlers Wesen in seinem Kern gefaßt, wie es auch aus den Zügen seines Antlitzes spricht, die der van Dyck des

Abb. 5. Christus auf dem Wege nach Gethsemane.
Email. Im Besitz des Geheimen Rat Professor du Bois-Reymond. Berlin.

achtzehnten Jahrhunderts, Anton Graff, und andere Maler uns überliefert haben (Abb. 1), damit der Faden gefunden, auf den sich die zierlichen Perlen seiner liebenswürdigen Kunst aufreihen lassen.

* * *

Chodowieckis Leben ist bald erzählt. Zwar besitzen wir, wie von so vielen Männern seiner schreibseligen und memoirenlustigen Zeit, auch von ihm eine große Menge von Aufzeichnungen, Tagebüchern und Briefen, die Antwort geben auf Fragen, wie sie auch die zudringlichste Neugier zu stellen nicht wagen möchte, aber sie enthüllen uns doch nur Weniges, was wir über den Künstler nicht auch aus der Betrachtung seiner Werke erfahren könnten. Flossen doch seine Tage meist ruhig dahin, Erlebnisse oder Ereignisse, die sein Inneres heftig bewegt und erschüttert und vor allem für die Richtung seiner künstlerischen Laufbahn entscheidende Bedeutung gehabt hätten, sind äußerst selten in seinem Leben.

Die alte Hansestadt Danzig galt zu der Zeit, als Daniel Chodowiecki in ihr das Licht der Welt erblickte, zwar noch als Freistaat, aber in dem schwedisch-polnischen Kriege, welcher der Stadt große Opfer auferlegt und die Umgebung arg verwüstet hatte, war sie mehr und mehr in Abhängigkeit von Polen geraten. Zahlreiche polnische Familien lebten hier; auch die Chodowieckis stammten aus Polen, wenngleich sie schon seit zwei Generationen vor Daniels Geburt in Danzig ansässig waren. Dessen Vater betrieb einen einträglichen Kornhandel und war der aus einer französischen Refugiéfamilie stammenden Marie Henriette Ayrer vermählt. In der Heiligengeistgasse, einer der wenigen Straßen der Stadt, die auch heute noch ihr altehrwürdiges Äußere bewahrt haben, wurde am 16. Oktober 1726 in einem stattlichen zweistöckigen Giebelhause

Abb. 6. Christus am Ölberg. Email. Besitzer s. Abb. 5.

unser Künstler geboren. Doch lassen wir ihn selbst von seiner Jugend erzählen; in einer Selbstbiographie, die er im Jahre 1780 verfaßte, berichtet Chodowiecki: „Mein Vater, ein Kaufmann, malte zu seinem Vergnügen in Miniatur und gab mir die erste Anleitung in dieser Kunst; da er mich aber eigentlich zur Handlung erzog und schon 1740 starb, hatte ich im Zeichnen und Malen noch sehr wenig gelernt. Meiner Mutter Schwester, Mamsell Ayrer, die besser malte als mein Vater, gab mir nach seinem Tode noch einigen Unterricht; aber bald darauf wurde ich in eine Spezereihandlung in die Lehre gegeben, wo ich wegen Verfall der Handlung nur anderthalb Jahre blieb, und Anno 1743 nach Berlin zu meiner Mutter Bruder in eine andere Handlung gesandt." Thatsächlich begann Chodowieckis eigentliche künstlerische Ausbildung erst hier in Berlin, aber die Eindrücke, die er in seiner frühesten Jugend in der malerischen Vaterstadt,

Abb. 7. Christi Gefangennahme. Email. Besitzer s. Abb. 5.

im Elternhause empfangen, sind für seine Neigung zur Kunst wohl mitbestimmend gewesen. Wissen doch die Reisenden des achtzehnten Jahrhunderts die Lage und Schönheit Danzigs nicht genug zu rühmen. So schreibt Hermes 1771 in seinem vielgelesenen Briefroman: „Sophiens Reise von Memel nach Sachsen:" „Diese Stadt ist unvergleichlich. Die Aussicht auf den Bergen, und in den Gärten; die Gegend von Oliva; der Wohlstand der Bauern im Werder und anderen zur Stadt gehörigen Dörfern; der Blick auf die See; das Große der segelnden Schiffe; das Gewühl unzähliger Fremder aus allen Nationen, Kaufleute, Schiffer, Arbeiter — mir ist das alles, als hätte ich es noch nie gesehen; so sehr scheint es dieser Stadt eigentümlich zu sein." Chodowiecki selbst verrät in den Zeichnungen, die er bei seiner späteren Reise in die Heimat in jenem köstlichen Skizzenbuche von 1773 angefertigt hat, wie er den malerischen Reiz der schmalen Gassen

Abb. 8. Petrus verleugnet Christum. Email. Besitzer s. Abb. 5.

mit ihren hohen Giebelhäusern, ihren "Beischlägen" mit schattenspendenden Linden und Ulmen davor und ihren in traulches aber wendet er sich auch in diesen Skizzen immer wieder dem Haus der Eltern zu. Hier hatte schon der achtjährige Knabe mit un

Abb. 9. Bonbonnière mit Emailmalereien. Im Besitz von Frau Dr. Ewald, Berlin.

Zwielicht getauchten Hausfluren mit den lauschigen Winkeln zwischen den großen eichenen Schränken und Vertäfelungen zu würdigen verstand. Mit besonderer Liebe geübter Hand ein Miniaturporträt des un glücklichen Polenkönigs Stanislaus Leszczinski entworfen, für dessen Unterstützung Danzig gerade in jenen Tagen mit einer schweren Be-

Abb. 10. Emailporträt Friedrichs d. Gr.
Im Besitz von Frau Dr. Ewald, Berlin.

Abb. 12. Miniaturporträt.
Im Besitz von Frl. Chodowiecka, Berlin.

Abb. 11. Miniaturporträt.
Im Besitz von Frl. Chodowiecka, Berlin.

Abb. 13.
Miniaturporträt Friedrichs d. Gr. auf Elfenbein.
Im Besitz von Fräulein Lucy du Bois-Reymond, Berlin.

lagerung durch die Russen büßen mußte; hier hatte er — wohl nach den Kupfern einer Zeichenschule — die Elemente der Kunst mit heißem Bemühen, aber kaum mit nennenswertem Erfolg sich zu eigen zu machen versucht. Eine Federzeichnung aus der Lehrzeit in der Spezereihandlung hat sich im Besitz von Nachkommen der Familie erhalten; sie stellt den Laden der Witwe Wöllmann mit seinen Käufern und Verkäufern dar. Es ist bezeichnend für die Richtung seiner Begabung, daß Chodowiecki entgegen dem ganz konventionellen Elementarunterricht, den er genossen, sich gleich an einem Gegenstand versuchte, der ihm durch tägliche Beobachtung nahe gerückt war: das ihn umgebende Leben mit dem Zeichenstifte festzuhalten, in allen Einzelheiten treu und gewissenhaft wiederzugeben, das sollte die Aufgabe werden, der er sein ganzes Künstlerleben widmete. Daß dieses Leben ein ganz anderes Aussehen erhielt, als der siebzehnjährige Handlungsgehilfe 1743 nach der preußischen Hauptstadt übersiedelte, wo seine Kunst erst triebkräftige Wurzeln zu schlagen begann, versteht sich von selbst. Aber zunächst war es ihm noch nicht beschieden, die Anregungen, die sich in dieser neuen, bunten Welt dem Auge und Sinn boten, seinen künstlerischen Absichten dienstbar zu machen: er blieb bei seinem Ohm Ayrer zunächst an das Buchhalterpult gefesselt. „Den müßigen Stunden freilich," so erzählt er selbst, „malte ich Miniatur bilderchen, in Tobacksdosen zu sehen, die er ihrer an die hiesigen Kaufleute verkaufte. Ihrer besaß ein so genanntes Quincailleriegeschäft. Er ließ mich auch die Behandlung der Emaillemalerei lernen und eine große Menge emaillirter Dosen malen; aber all dieses war nicht im Stande, mich zu einem Künstler zu bilden, weil ich gar keine Anweisung weder im Zeichnen noch im Komponiren bekam, auch mit keinem Künstler Bekanntschaft

Abb. 11. Miniaturporträt.
Im Besitz von Frau Cäcilie Rosenberger. Rösen.

hatte. Ich fühlte wohl, daß alles, was ich machte, sehr unrichtig in der Zeichnung und unvollkommen im Kolorit war; an Zusammensetzung wurde gar nicht gedacht, sondern alles nach Kupferstichen kopirt. Mein Vetter (richtiger Oheim) war ein Kaufmann; ihm war es mehr um Gewinn zu thun als um meinen Fortgang in der Kunst: malerische Kenntnis besaß er gar nicht; er glaubte, alles, was ich machte, wären Meisterstücke, und ich glaubte es beynahe auch. Endlich sah ich bei dem Manne (ein Augsburger, Nahmens Haid), der mir die Emaillemalerey lehrte, akademische und andere Zeichnungen, hörte von ihm, wie ein Künstler studiren müßte; denn er besaß mehr Theorie als Practik. Dieses sachte bey mir ein verborgenes Feuer an: ich fing an einzusehen, daß ich noch gar nichts konnte. Zur Handlung hatte ich alle Lust verlohren; was sollte aus mir werden? Andere Künstler kannte ich nicht, hatte bisher auch nicht gewußt, daß, um von ihnen zu profitiren, ich sie aufsuchen müßte. Die Malerakademie war A. 1742 abgebrannt,

Abb. 12. Bleistiftstudie.
Im Besitz von Frau Dr. Ewald. Berlin.

und die an die Stelle derselben gekommene Zeichenschule mit sehr schlechten Lehrern besetzt, so daß, wenn ich mich an sie gewandt hätte, ich doch nicht viel gelernt haben würde."
Aus diesen Aufzeichnungen des Meisters klingt noch deutlich die Rat= und Hilflosigkeit heraus, die den jungen Anfänger in den neuen, fremden Verhältnissen überkam. Sein Brotherr Ayrer, der gleichzeitig auch Daniels Bruder Gottfried in seine Dienste genommen hatte, verlangte, daß er seine künstlerische Begabung für das Geschäft nutzbar machte und kleine Miniaturbilderchen auf Elfenbein oder Pergament sowie Emailmalereien in möglichst schneller Zeit anfertigte, wie sie dem Geschmack und besonders auch dem Geldbeutel des kauflustigen Publikums zusagten. Der Berliner war in dieser Hinsicht wenig verwöhnt und zu großen Ausgaben nicht geneigt. Die Emailmalerei war erst im Anfange des Jahrhunderts von dem in London und Paris dafür ausgebildeten F. C. Théremin in der preußischen Hauptstadt eingeführt worden, und die wenigen Künstler, die sich diesem halb kunstgewerblichen Beruf widmeten, wie die Brüder Huant und Samuel Blesendorf, hatten nicht vermocht, die künstlerischen Ansprüche der Käufer zu steigern. Doch die französische Mode verlangte nun einmal, daß man diese zierlichen Miniaturporträts, die etwa die Rolle unserer Photographien spielten, als Berloques oder Schmuck der Tabatieren trug, und es bemächtigte sich dieses in Frankreich zu großer Virtuosität ausgebildeten Kunstzweiges in Berlin bald die Industrie, die auch damals schon das harte Motto: billig und schlecht verdiente.

Sicher beglaubigte Arbeiten unseres Meisters aus dieser frühesten Zeit sind uns nicht erhalten bis auf eine getuschte Federzeichnung im Großherzoglichen Museum zu Weimar, die augenscheinlich auf einer Meßreise in Krakau entstanden ist und einen polnischen Volksgottesdienst darstellt. Sie trägt die Inschrift: „Ein polnisches Jubeljahr und Bus=Predigt, in Cracau gezeichnet 1750. D. Chodowiecky del(ineavit) Cracovia" und ist, wie seine erste Danziger Zeichnung, Beweis dafür, daß der junge Geschäftsmann stets geneigt war, Vorgänge in seiner Umgebung, die irgendwie die Aufmerksamkeit zu fesseln vermochten, künstlerisch festzuhalten. Auch eine Folge von zweiundvierzig mit Feder und Tusche gezeichneten Illustrationen zu der Geschichte des Blaise Gaulard aus dem Jahre 1752 (im Besitze der Großherzogin Sophie von Sachsen) hat nur insofern Wert, als sie uns den ersten Versuch Chodowieckis auf dem Gebiete zeigt, dem er seinen Nachruhm vor allem verdankt: der Illustration.

Daß die kleinen, zum Verkauf in Ayrers Geschäft bestimmten Email= und Miniatur=

Abb. 16. Bleistiftstudie.
Im Besitz von Frau Dr. Ewald. Berlin.

malereien großenteils verschollen sind, ist leicht begreiflich, da derartige Erzeugnisse der Kleinkunst meist schneller Vergessenheit anheimfallen, aus der sie, zumal wenn sie den Namen ihres nachmals berühmt gewordenen Verfertigers nicht tragen, kaum je wieder auftauchen. Nach dem, was sich aus späterer Zeit an verbürgten Arbeiten der Art von unserem Meister erhalten hat, wie den sechs Emails mit Passionsscenen nach Stichen Sebastien Leclercs im Besitz des Geheimen Rats Professor du Bois-Reymond Berlin, ausgestellt in der historischen Abteilung der Berliner

Abb. 17. Aktstudie in Rötel.
Im Besitz von Frau Dr. Ewald, Berlin.

Kunstausstellung von 1896 (Abb. 5 bis 8), der kleinen Emailbonbonnière mit Puttenspielen im Besitz der Frau Dr. Ewald Berlin, ausgestellt ebenda, Abb. 9), einem Emailbildnis Friedrichs des Großen aus gleichem Besitz (Abb. 10) und anderem zu urteilen, dürfen wir den Verlust älterer Emailmalereien nicht allzu sehr beklagen. Auch diese werden meist unselbständige Kopien nach französischen Vorbildern gewesen sein, wenig erfreulich in der Wahl der Farben, wie die genannten Passionsscenen, hinter den Pariser Arbeiten der Zeit technisch zurückstehend und kaum geeignet, der Charakteristik Chodowieckis einen wesentlich neuen Zug hinzuzufügen.

Abb. 18. Aktstudie in Rötel.
Im Besitz von Frau Dr. Ewald, Berlin.

Abb. 19. Aktstudie in Rötel.
Im Besitz von Frau Dr. Ewald, Berlin.

mittlerweile umgebaut, heute eine Gedenktafel zu Ehren seines einstigen Bewohners trägt. Es galt jetzt für die Familie zu sorgen, die sich schnell vermehrte, und mit redlichem Fleiß widmete sich der Künstler nach wie vor der Miniaturporträtmalerei, die er sich, nachdem seine Arbeiten einmal den Beifall weiterer Kreise gefunden hatten, gut bezahlen ließ (Abb. 11—14). Sein Streben war aber auf höhere Ziele gerichtet: mit rührender Ausdauer studierte er die damals in Blüte stehende kunsttheoretische Litteratur, die ihm freilich kaum mehr als pedantische Schulmeisterregeln eines verzopften Eklekticismus bot, und übte sich unablässig im Skizzieren nach der Natur. Es entstanden einige jener reizenden Bleistiftzeichnungen, die uns wie künstlerische Tagebuchblätter aus dem Familienleben des achtzehnten Jahrhunderts anmuten, frisch und unmittelbar aufgefaßt und oft seinen ausgeführten Arbeiten an Wirkung

Jedenfalls war diese kunstgewerbliche Thätigkeit einträglich, denn schon im Jahre 1755, nachdem er aus dem Geschäft seines Oheims ausgetreten war, ging Chodowiecki daran, sich eine eigne Häuslichkeit zu gründen, indem er sich mit Jeanne Barez, der Tochter eines Goldstickers aus der französischen Kolonie Berlins, verlobte und bald auch (am 18. Juli desselben Jahres) verheiratete. Das junge Paar bezog ein Haus in der Brüderstraße jetzige Nr. 7), wo auch Daniels Bruder Gottfried mit seiner Gattin sein Heim aufschlug. Erst 1777 übersiedelte er nach dem Hause in der Behrenstraße 31, das,

Abb. 20. Bleistiftstudie zu dem Ölbild Abb. 21.

überlegen Abb. 15, 16. „Ich zeichnete nebenher," so berichtet er in seiner ungedruckten Selbstbiographie, aus der zum erstenmal Oettingen interessante Auszüge mitgeteilt hat," „war ich in Gesellschaft, so setzte ich mich so, daß ich die Gesellschaft oder eine Gruppe aus derselben oder auch nur eine einzige Figur übersehen konnte, und zeichnete so geschwind, oder auch mit so vielem Fleiß, als es die Zeit oder die Statigkeit der Personen erlaubte. Bat nie mals um Erlaubnis, sondern suchte es so verstohlen wie möglich zu machen; denn, wenn ein Frauenzimmer (und auch zu weilen Mannspersonen) weiß, daß man's

W. von Oettingen, Daniel Chodowiecki. Berlin 1895, p. 5

zeichnen will, so will es sich angenehm stellen und verdirbt alles, die Stellung wird gezwungen. Ich ließ es mich nicht verdrießen, wenn man mir auch, wenn ich zügen, die die Natur, wenn sie sich selbst überlassen ist, vor allen den so gerühmten Idealen hat, in mein Taschenbuch eingetragen! Auch des

halb fertig war, davonlief; es war doch so viel gewonnen. Was habe ich dabei zuweilen für herrliche Gruppen mit Licht und Schatten, mit allen den Vor- Abends bei Licht habe ich das oft gethan: kein besseres Studium, um große Partien, Licht und Schatten hervorzubringen. Ich habe stehend, gehend, reitend gezeichnet;

ich habe nach Gemälden wenig, nach Gips etwas, viel mehr nach der Natur gezeichnet. Bei ihr fand ich die meiste Befriedigung, den meisten Nutzen: sie ist meine einzige Lehrerin, meine einzige Führerin, meine Wohlthäterin." Daneben zeichnete Chodowiecki eifrig bei Bernhard Rode, dem bekannten Berliner Schnell- und Vielmaler, (Alt-Abb. 17—19), um auch für die Malerei großen Stils sich vorzubilden.

Seine ersten Versuche in der Ölmalerei fallen in das Jahr 1757. Trotz des fieberhaften Eifers, den er dieser Beschäftigung widmete, mußte er nur zu bald einsehen, daß seine Begabung ihn nach einer anderen Richtung wies. Das älteste uns erhaltene Ölbildchen seiner Hand — es war 1896 in der historischen Abteilung der Berliner internationalen Ausstellung unverbürgt als Travestie der biblischen Scene: Jakob bei Laban ankommend ausgestellt (Nr. 3395 des Katalogs) — ist zwar sehr charakteristisch

Abb. 21. Die Wochenstube. Ölbild im Besitz von Herrn Wilhelm Chodowiecki, Berlin.

Daniel Chodowiecki. 17

in Zeichnung und Ausdruck der Köpfe, aber in der Farbe durchaus unerfreulich und verfehlt, ja geradezu unmalerisch. Es stellt novellistisch zugespitzt die Werbung dem Geschmack des Jahrhunderts, seiner Sehnsucht nach gefühlvoller Einfalt, Familienglück und Redlichkeit besonders zusagte, „Elieser und Rebekka" ebenfalls in den

Abb. 24. Familienscene bei Kerzenlicht. Ölbild im Besitz des Herrn Direktor Wichern. Altona.

eines plumpen alten Freiers um ein junges Mädchen dar, das ihre Gunst bereits einem jüngeren Liebhaber geschenkt zu haben scheint.

Ein Idyll aus der Patriarchenzeit, die

Kaemmerer, Chodowiecki.

fünfziger Jahren entstanden — ist seither verschollen. Es wird kaum den späteren Ölbildern, von denen weiter unten die Rede sein soll, überlegen gewesen sein. Am besten

2

Abb. 25. Die Kinderstube. 1761. (E. 21.)

gelangen Chodowiecki auch in dieser Technik die bürgerlichen Familienscenen, wie jene in silbrigem Gesamtton gehaltenen Genrebildchen bei Frau Dr. Ewald in Berlin, die uns eine Gesellschaft am Fenster und eine Lhombrepartie (datiert 1757, ausgestellt in Berlin 1896, Nr. 3389 und 3390 des Katalogs, Abb. 21 u. 22), vorführen, oder die kleinbürgerliche Wochenstube im Besitz eines Urenkels des Künstlers (Abb. 23) und das trauliche Interieur bei Kerzenlicht. (Abb. 24) Hier sind die stillen Freuden des Privatlebens mit anheimelnder Intimität und überzeugender Wahrheit geschildert. Chodowiecki offenbart sich in ihnen als der unübertroffene Meister der „peinture familière et domestique".

Im Jahre 1757 entstand auch die erste Radierung seiner Hand, „le Passe dix oder der Würfler" genannt (E. 1). Ein vertommener, bucliger Knopfstempelmacher der französischen Kolonie, Nikolaus Fonvielle, der sich in den Wirtshäusern der Stadt herumtrieb und — eine maskierte Bettelei — mit den Gästen, denen er als Pickelhering Spaß machte, um Bier würfelte, hat Chodowiecki dazu Modell gestanden. Die neue Technik, in der unser Meister später so große Triumphe feiern sollte, machte ihm anfangs viele Schwierigkeiten; Chodowiecki bezeichnete die Arbeit selbst als einen „mutwilligen Versuch" und betrieb zunächst die Radierung überhaupt nur als gelegentliche Nebenbeschäftigung: Studienköpfe und Genrefiguren (Abb. 25, 26, E. 24 u. 35), die er mehr zu seinem Vergnügen auf die Platte brachte, überwiegen in den ersten Jahren seiner Radierertätigkeit. So sehen wir die Demoiselles Quantin, Bekannte seiner Familie, wie sie eines Morgens im Negligée dem Maler die freudige Nachricht einer von den Preußen gewonnenen Schlacht überbringen (Abb. 27, E. 10), Bauern- und Bettelsjungen und anderes derart im Geschmack Jean Simeon Chardins, mit dem unser Meister überhaupt mehr Berührungspunkte, als mit irgend einem anderen französischen Vorgänger hat, entstehen.

Als die ersten russischen Gefangenen 1758, von preußischem Militär eskortiert, durch Berlin zogen, erregte der Anblick der zerlumpten Gestalten nicht nur sein Mitgefühl, sondern auch seinen Darstellungstrieb. Mit seiner Gattin eilte er auf den Schloßplatz und verteilte Almosen und Liebesgaben an die halbverhungerten Krieger, die ihm zugleich als Modelle für eine Radierung dienten (E. 12). Ebenso fesselte das malerisch aufgeputzte Gefolge des türkischen Gesandten Achmet Effendi, der 1764 nach Berlin kam, lebhaft sein Interesse (E. 25, 43, 44).

Den glücklichen Sieger von Roßbach stellte Chodowiecki an der Spitze der Gardekürassiere in einem größeren 1758 datierten Blatte dar (E. 9), das jedenfalls schon für den Verkauf bestimmt war. Auch Aufträge zu Titelkupfern begannen allmählich bei ihm einzulaufen. So mußte er für die vom französischen Konsistorium herausgegebene Übersetzung des Psalters einen Titel stechen (E. 19), der freilich die Schwäche seiner Erfindung auf religiösem Gebiet unzweideutig offenbart. Die größere allegorische Darstellung „Der Friede bringt den König wieder", eine recht matte Verherrlichung des Friedensjubels nach dem Abschluß des siebenjährigen Krieges, trug dem Künstler 1763 sogar eine Audienz bei dem Großen König ein, die aber wenig seinen darauf gesetzten Hoffnungen entsprach. Im Jahre darauf wurde er als Miniaturmaler in die Königliche Akademie der Künste aufgenommen, der er nachmals als Direktor vorstehen sollte. Das Glück begann dem rastlos Vorwärtsstrebenden zu lächeln. Schon ein Porträt der Prinzessin Friederike Sophie Wilhelmine von Preußen, der nachmaligen Gattin Wilhelms V. von Oranien, 1767 in größerem Format zierlich nach einem Ölbilde radiert und mit einer gefälligen Umrahmung versehen (E. 45), hatte lebhafte Aufmerksamkeit der kunstfreundlichen Kreise Berlins und Amsterdams erregt, nicht minder die nach unserem Geschmack etwas frostige Allegorie auf die Vermählung derselben Fürstin (Abb. 28, E. 46), und vollends entschied der im selben Jahre gemalte (Abb. 29) und dann

Abb. 26. Drei Damen am Fenster. 1761. E. 35.)

radierte Abschied des Calas von seiner Familie, der sogenannte „große Calas" (Abb. 30, E. 48) den Ruf Chodowieckis als Radierer. Dieses Blatt dankte seinen großen Erfolg wohl mit seinem Gegenstande, der die Gemüter damals lebhaft beschäftigte. Jean Calas von Toulouse war 1762 als Opfer katholischer Unduldsamkeit auf dem Folterrade gestorben, obwohl er der Anklage gegenüber, seinen zum Katholicismus übergetretenen Sohn ermordet zu haben, stets seine Unschuld beteuert hatte. Voltaire hatte den Prozeß zum Anlaß einer leidenschaftlichen Schrift genommen, in der er die Intoleranz der katholischen Geistlichkeit in grellstem Lichte darstellte, und thatsächlich ergab eine Revision der Verhandlungen die Unschuld des Hingerichteten. Die Erbitterung gegen die Ankläger war in ganz Europa und besonders auch in der französischen Kolonie Berlins ebenso lebhaft, wie das Mitgefühl mit dem Opfer dieses Justizmordes und

Abb. 27. Die Demoiselles Quantin. 1758. (E. 10.)

Abb. 28. Allegorie auf die Vermählung der Prinzessin Friederike Sophie Wilhelmine von Preußen mit dem Prinzen Wilhelm V. von Oranien. 1767. (E. 46.)

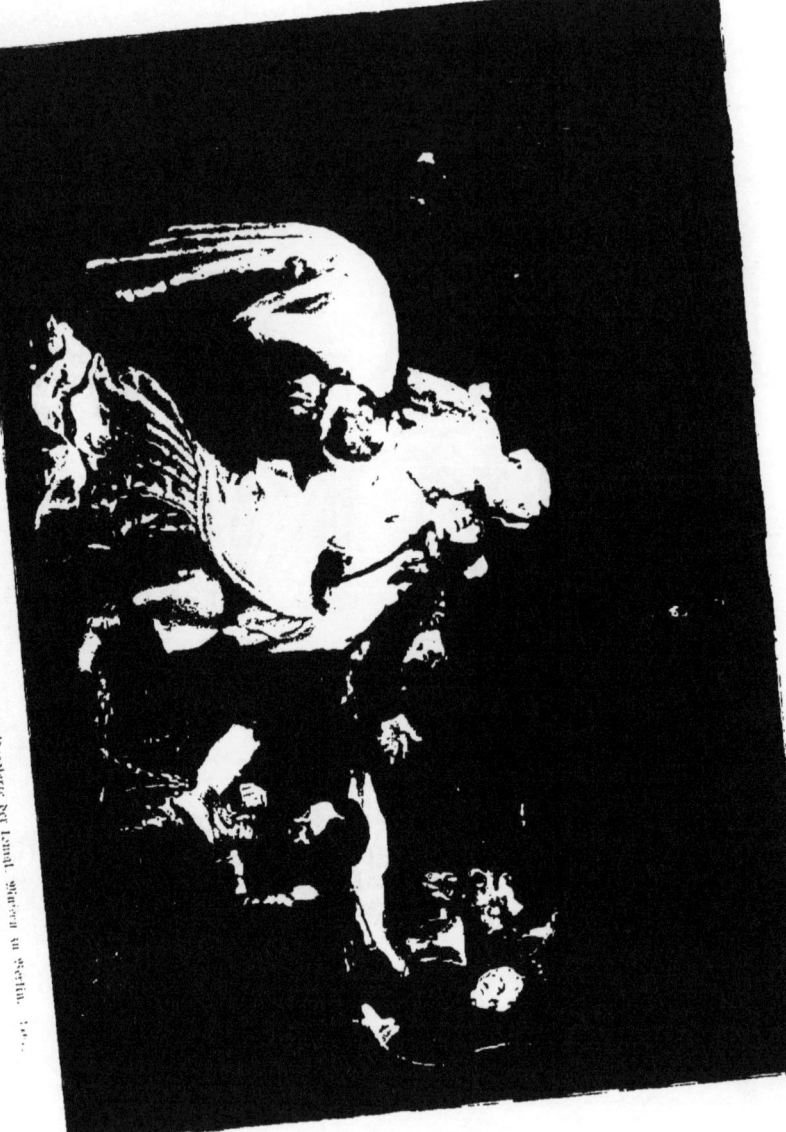

LES ADIEUX DE CAIUS A SYLVIHIE

Abb. 30. Der Abschied des Caius von seiner Familie.

24 Daniel Chodowiecki.

Abb. 31. Jeannette Chodowiecka, die älteste Tochter des Künstlers. 1763. Ölbild im Besitz des Fräulein Maria Chodowiecka. Berlin.

seiner Familie. Ein Kupferstich von De lafosse nach Carmontelles Zeichnung „la malheureuse famille de Calas", der 1765 erschienen war, hatte Chodowiecki zu einer Ellopie angeregt, die erst vor kurzem im Besitz des Großherzogs von Hessen aus ihrer Verschollenheit wiederauftauchte Schloß Fuchbach in Schlesien, und dieser ließ er 1767 als Gegenstück seine Radierung „les adieux de Calas" folgen. Der Gefangene ist im Kerker mit seiner zwischen Trost und Jammer schwankenden Familie dargestellt, wie er von den Seinen gerührten Abschied nimmt. Der Kerkermeister löst ihm die Fuß schellen; an der Thüre, durch die zwei Mönche hereintreten, steht die Wache, die den Verurteilten zum Richtplatze geleiten soll. Das Ganze ist im Geschmack der comédie

Daniel Chodowiecki.

immer und immer Wahrheit — und immer Natur, und solche Wahrheit, solche Natur, daß man sich nicht einen Augenblick kann einfallen lassen, daß der Auftritt, daß die Zusammensetzung, irgend eine einzige Person oder der geringste Umstand erdichtet sey) — nichts übertrieben! alles Poesie, und nicht ein Schein von Poesie — Ihr vergeßt das Bild, und seht, und seht nicht! Ihr seid da im Gefängnis der leidenden Unschuld!" Erscheinen uns solche hohlen Tiraden heute auch stark überschwenglich, so sind sie doch ungemein bezeichnend für die Zeit und die Begeisterung, mit der man vor Chodowieckis Bild Thränen "wehmütiger Wollust" vergoß. Der Künstler selbst hat in einer leise satirisch gefärbten Zeichnung, die

Abb. 32. Illustration zu S. Geßners Idyllen im Berliner Genealogischen Kalender 1773. (E. 69.)

larmoyante und in der Formensprache Greuzes gehalten, auch technisch keine sonderlich imponierende Leistung. Chodowiecki hatte, wie er selbst erzählt, alle gedruckten Urkunden des Prozesses durchstöbert und sich mit sichtlicher Liebe in den Gegenstand vertieft. Dieser verschaffte dem Blatte, wie gesagt, wohl hauptsächlich seine große Popularität. Das klingt auch durch Lavaters begeisterte Anerkennung durch, der in seinen "physiognomischen Fragmenten" das Blatt als "eines der herrlichsten, natürlichsten, kräftigsten Stücke" feierte, die er je gesehen. "Welche alles beherrschende Wahrheit!" so ruft er aus: "Welche Natürlichkeit! welche Zusammensetzung! welche Festigkeit ohne Schärfe! Welche Zartheit ohne Kleinmeisterei! welche Bedeutung im Ganzen und in einzelnen Teilen! Welcher Kontrast in den Charaktern und welche Einheit und Harmonie im Ganzen! und

Abb. 33. Illustration zu Basedows Agathokrator. Leipzig 1771. (E. 71.)

Johann Heinrich Lips stach, die Wirkung dieses Bildes auf die vier Temperamente geschildert. Da sehen wir den Sanguiniker zornig die Faust gegen die Mörder ballen, den Melancholiker seine Thränen der Rührung trocknen, den Choleriker brütend auf die nach dem Originalgemälde Chodowieckis hielt, war schärfer; er sagte zum Künstler: „Vous avez été bien mal gravé!" „Sie können sich vorstellen," fügt Chodowiecki freimütig der Erzählung dieser Anekdote hinzu, „daß ich nicht sagte: Je l'ai gravé

Gruppe starren, während der fettgemästete Phlegmatiker auf einem Lehnstuhl sitzend, blöde und gleichmütig vor sich hinsiert. Der künstlerisch gebildete Blick eines französischen Diplomaten, der die Radierung irrtümlich für eine Nachbildung von fremder Hand moi-même." Gleichviel, das Blatt machte seinen Schöpfer bekannt, und die Anträge der Leipziger und Berliner Verleger zur Übernahme von Illustrationskupfern mehrten sich bald nach dem Erscheinen des Calas in überraschender Weise. Insbesondere wurde

Abb. 35. Gesellschaft im Tiergarten zu Berlin. Ölbild im städtischen Museum zu Leipzig.

auch der Philanthrop Johann Bernhard Basedow auf den talentvollen Radierer aufmerksam. Im Anschluß an Rousseaus Bestrebungen zur Reform der Jugenderziehung hatte dieser Schriftsteller ein blickende Kinderfreund Chodowiecki ein besonders willkommener und bereiter Helfer. Gleich nach den ersten Verhandlungen über das Unternehmen machte er sich 1769 an die Arbeit, die Illustrationen für das auf

Abb. 36. Titelkupfer zu Sulzers Theorie der schönen Künste. Leipzig 1771. E. 76.)

„Elementarbuch der menschlichen Erkenntnisse" vorbereitet, das von der Wichtigkeit des Anschauungsunterrichts ausgehend, die Grundlagen einer neuen Pädagogik entwickeln sollte. Für solche Aufgabe war der scharf- vier Bände berechnete „Elementarwerk" zu zeichnen und zum Teil auch selbst aufs Kupfer zu bringen. Im Verlauf von fünf Jahren hatte er mit einem Stab von Stechern und Radierern die Arbeit so weit gefördert, daß das Werk erscheinen konnte. Der Erfolg war über Erwarten groß; das Buch wurde in verschiedene Sprachen, fast ganz Europa. Nicht wenig trugen zu dieser schnellen Verbreitung Chodowieckis Kupfer bei. Er, der so liebevoll sich in die

Abb. 37. Bei den Zelten im Tiergarten zu Berlin. Ölbild im Besitz der Familie Rosenberger.

sogar ins Russische übersetzt und überall hin verbreitet, wo man für die philanthropischen Pläne Rousseaus und Basedows eingenommen war. Und das war damals innersten Regungen der Kinderseele vertieft hatte, der den Wert traulichen Familienlebens aus eigener Erfahrung kannte, war entschieden am ehesten befähigt und berufen,

Abb. 30. Chodowiecki malt die Gräfin Czapska. Zeichnung aus dem Tagebuch der Danziger Reise. 1773.

Basedows Anschauungen künstlerisch zu propagieren. Gerade in jenen Jahren hatte er in dem „Cabinet d'un peintre" (Abb. 3) die Freuden im Schoß der Familie in so rührender Schlichtheit geschildert und schon früher in dem Bildnis seiner kleinen Tochter sollten die Jugend mit allem bekannt machen, was im Leben ihre Fragelust wecken würde. So führt uns Chodowiecki zuerst im bürgerlichen Hause umher, läßt uns einen Blick in seine verschiedenen Räume thun, dann hinaus in die Natur, auf den Markt, in

Abb. 10. Die Zelte im Tiergarten zu Berlin. 1772. F. M.

Jeanette, einer der liebenswürdigsten und glücklichsten Arbeiten seines Pinsels (Abb. 31), den Beweis geliefert, wie die Lust an der Wiedergabe kindlichen Lebens alle seine Fähigkeiten zu steigern vermochte.

Die Abbildungen des Elementarwerks die Werkstätten der Handwerker, die Amtsstuben der Behörden u. s. w., überall mit den Augen eines Kindes umherspähend und in lehrhafter Weise Bestimmung und Wesen des Erspähten erläuternd. Uns Nachgeborenen ist das Kupferwerk aber mehr als

Abb. 41. Abendgesellschaft bei dem Kaufmann Gerdes.
Zeichnung aus dem Tagebuch der Danziger Reise. 1773.

ein einfaches Bilderbuch für die Jugend, mehr als ein Denkmal der pädagogischen Bestrebungen der Aufklärungsepoche, wir schätzen in ihm ein Nachschlagewerk zur deutschen Kulturgeschichte des vorigen Jahrhunderts, das fast überall, auch über die kleinen und scheinbar unbedeutenden Einzelheiten des damaligen Lebens, wahrheitsgetreue, belehrende Auskunft gibt. Künstlerisch ist die Ausführung der Kupfer,

Abb. 42. Chodowiecki malt seine Mutter. Zeichnung aus dem Tagebuch der Danziger Reise. 1773.

Abb. 13. Chodowiecki malt den Grafen Podoski. Zeichnung aus dem Tagebuch der Danziger Reise. 1773.

die zum großen Teil von Gehilfen Chodowieckis besorgt wurde, recht ungleich, auch der Zeichnung merkt man hier und da an, daß der Meister nicht ganz bei der Sache war, aber, wo er seine gelegentlichen, aus Freude an den Motiven entstandenen Skizzen benutzt, kommt die ganze Frische seiner Naturauffassung hervor. Auch für ein zweites pädagogisches Werk, den Agathokrator, der sich mit der Erziehung der Fürstenkinder beschäftigte, nahm Basedow Chodowieckis Hilfe in Anspruch, freilich in weit geringerem Umfang, als bei dem Elementarwerk. Eines der Blätter des

Abb. 14. Chodowiecki zeichnet Frau Gerdes. Zeichnung aus dem Tagebuch der Danziger Reise. 1773.

Agathokrator zeigt uns den in neuen Projekten unermüdlichen Philanthropen selbst, wie er in Gegenwart der fürstlichen Familie in Dessau den jugendlichen Prinzen die Wirkungen der Luftpumpe demonstriert (Abb. 33, E. 71), ein zweites die „Educationshandlung", ein Kaufhaus, das nach Basedows Plänen als Bezugsquelle aller für den Anschauungsunterricht notwendigen

Das vorige Jahrhundert hatte eine starke Vorliebe für zierliche Taschenkalender, die in Frankreich besonders mit raffiniertem Luxus, oft in allerwinzigstem Format hergestellt wurden, so daß man sie als Berloques an der Uhr tragen konnte. Sie waren das beliebteste Weihnachts- und Neujahrsgeschenk. Chodowiecki verspottet gelegentlich in seinem Centifolium stultorum

Abb. 45. Dame im Straßenkostüm.
Zeichnung aus dem Tagebuch der Danziger Reise. 1773.

Modelle, Instrumente und Maschinen dienen sollte (E. 72).

Neben den Arbeiten, die dieser Verbindung mit Basedow ihre Entstehung verdanken, gehen zahlreiche andere her, die von der Fruchtbarkeit des bald mit Aufträgen überhäuften Illustrators einen erstaunlichen Begriff geben. So die Titelkupfer zu den genealogischen Kalendern, die in Berlin unter Approbation der königlichen Akademie der Wissenschaften herausgegeben wurden.

(E. 140), das selbst einen Kalender schmückte, die „manie d'almanacs". Deutschland hatte bisher auf diesem Gebiet des Illustrationswesens künstlerisch hinter Frankreich erheblich zurückgestanden und erst Chodowieckis Thätigkeit führte hier einen Umschwung herbei. Das Taschenbuchformat, in dem die von genealogischen Tafeln der Fürstenhäuser eingeleiteten Kalender und Almanache meist erschienen, lag seiner kleinmeisterlichen Begabung vortrefflich, und

3*

Abb. 16. Die Starosteichenta Lubtowska. Zeichnung aus dem Tagebuch der Danziger Reise. 1773.

Abb. 17. Porträtsitzung der Frau Lehmden. Zeichnung aus dem Tagebuch der Tänzerin Metk. 1773.

der er trotz dem kleinen Format auch seinerseits jeder der Gestalten Lessings eine kennzeichnende Gebärde, einen sprechenden Ausdruck zu verleihen weiß, lesen wir etwas von der Liebe und Geistesverwandtschaft heraus, die den Illustrator zu dem großen Dichter hinzog. Ein moderner Regisseur, der die Minna von Barnhelm zu inscenieren hat, wird Chodowieckis Kupfer nicht ohne Nutzen betrachten; denn sie sind nicht etwa freie Erfindungen des Stechers, in denen er

Abb. 18. Dame im Straßenkostüm.
Zeichnung aus dem Tagebuch der Danziger Reise. 1773.

Abb. 19. Herr Mila. Zeichnung aus dem Tagebuch der Danziger Reise. 1773.

einige der Kalenderfolgen zählen zu dem Vollendetsten, was seine Radiernadel hervorgebracht.

Besonderes Interesse haben die Kupfer des Kalenders von 1770, in denen Chodowiecki zwölf Scenen aus dem volkstümlichsten Stücke Lessings, der Minna von Barnhelm, zu illustrieren unternahm (E. 51, 52). Vor sechs Jahren war das „erste deutsche Nationallustspiel" erschienen und bei seiner Berliner Aufführung 1768 mit lauter Begeisterung aufgenommen worden. Die ganze Anlage des Stücks, der kecke Realismus seiner Charaktere, die naturwahre Schilderung des bürgerlichen Lebens der eignen Zeit mußten Chodowiecki packen, und aus der eindringlichen Art, in gewissermaßen die Dichtung glossiert, sondern sie geben zweifellos auch die Eindrücke wieder, die Chodowiecki von der Bühnenaufführung im Schuchschen deutschen Komödienhause zu Berlin erhielt.

Wenn die realistische Neigung, die Lust an lebensvoller Charakterzeichnung unseren Künstler mit Lessing verband, so lockte ihn die zarte Empfindsamkeit, das innige Naturgefühl des Schweizer Idyllendichters Salomon Geßner, sich auch einmal auf diesem Felde zu versuchen. Ursprünglich für den Berliner genealogischen Kalender für 1772 bestimmt, erschienen die bereits ein Jahr vorher ausgeführten zwölf Blätter zu Geßners Idyllen

Abb. 50. Strasnik Czapski und Starostin Leditowska.
Zeichnung aus dem Tagebuch der Danziger Reise. 1773.

Abb. 51. Bürgermeister Conradi. Zeichnung aus dem Tagebuch der Danziger Reise. 1773.

erst 1773 (Abb. 32, E. 69). Der gefeierte Schweizer hatte versucht, die scènes bergères ihres französischen Rokokokostüms zu entkleiden, den natürlichen Hain an die Stelle der architektonisch zugeschnittenen Parkdekoration, echte Empfindung an die Stelle der sentimentalen Phrase zu setzen. Selbst künstlerisch begabt, hatte er seine Idyllen mit eignen Radierungen herausgegeben, die indessen einige dilettantische Unsicherheit im Technischen nicht verleugnen konnten. Darin war ihm Chodowiecki, der seine Radiertechnik inzwischen bis zu einer fast an französische Vorbilder heranreichenden Gewandtheit ausgebildet hatte, zweifellos

Abb. 52. Spazierfahrt der Familie Gerdes. Zeichnung aus dem Tagebuch der Danziger Reise. 1773.

die Seele zu sehen verstand, hatte keinen Blick für die Reize der freien Gotteswelt. Seine Bilder, wie zum Beispiel die 1768 gemalten Parkscenen in der Berliner Gemäldegalerie, die uns eine elegante Gesellschaft beim Halsnenschlag- und Blindekuhspiel zeigen (Abb. 34), und das Konversationsstück im Leipziger Museum (Abb. 35) wirken durch die Behandlung des landschaftlichen Beiwerks in Form und Farbe konventionell, doppelt unharmonisch, weil sich überlegen, für den elegischen Ton und die Tiefe des Naturgefühls, wie es aus den Gedichten Geßners hervorquillt, dagegen fehlt es dem Berliner, durch unzählige, zum Teil wenig erfreuliche Aufträge bedrängten Stecher an Beschaulichkeit und an intimem Verständnis der ländlichen Scenerie. Gerade der letztere Mangel verletzt in Chodowieckis Schöpfungen immer wieder unser Auge; er, der den Menschen so tief in

Abb. 53. Demoiselle Wetzel. Zeichnung aus dem Tagebuch der Danziger Reise. 1773.

die lebensvoll bewegten Figuren vom Hintergrund wie von einer schlecht gemalten Theaterdekoration abheben. Auch ist es bezeichnend, daß unter den zahllosen Skizzen und Entwürfen von Chodowieckis Hand sich so gut wie gar keine landschaftlichen Studien finden. Damit haben wir eine Grenze seiner nur mühsam vermag man die Hieroglyphenschrift der gehäuften Attribute zu entziffern, obzwar man billig eingestehen muß, daß die Zeitgenossen künstlerisch meist noch schlimmer beraten waren.

Daß dem frisch in die Welt blickenden Realisten, in dem die Lust zum Schaffen

Abb. 51. Frau von Rosenberg (?).
Rötelzeichnung im Besitz der Frau Dr. Ewald. Berlin.

Begabung berührt, aber auch für die allegorische Darstellung versagt seine Kraft. Er verfällt ins Äußerliche, Leere, wenn es gilt, eine Idee zu versinnlichen. So ist der 1771 radierte Titel zu Sulzers Theorie der bildenden Künste (Abb. 36, E. 76), dem beliebtesten Kunsthandbuch der Zeit, wenig gelungen, der offenbar dem Künstler im Einzelnen vorgeschriebenen Komposition fehlt alle Klarheit und Schärfe des Ausdrucks; einzig durch Eindrücke der Außenwelt geweckt wurde, die romantische Phantastik eines Ariost und Cervantes verschlossen bleiben mußte, kann nicht verwundern und wird durch die wenig erfreulichen Kalenderkupfer von 1770 und 1771, in denen er je zwölf Scenen aus dem Don Quixote (E. 58) und dem Rasenden Roland (E. 74) illustrierte, nur allzu deutlich erwiesen. Als wollte er sich von solchen mühseligen und undankbaren Auf

Abb. 55. Gräfin Kayserling.
Rötelzeichnung im Besitz der Frau Dr. Ewald. Berlin. 1773.

gaben erholen, sehen wir ihn hinauswandern vor die Thore der Stadt, um die bei den „Zelten" im Tiergarten lustwandelnden Berliner zu studieren (Abb. 37), die Stelldichein der verliebten jungen Welt, die feierlich einherstolzierenden Bürgerfamilien, unter denen uns auch rechts im Vordergrunde die berühmten Mimen Brockmann und Doebelin begegnen, die schwatzenden und klatschenden Alten, die sich im Schatten der Lindenbäume an dem von einer Florastatue geschmückten Rondel niedergelassen haben (Abb. 40, E. 83). Ähnlich hatte 1751 Saint-Aubin die elegante Welt der Seinestadt in seiner von Courtois gestochenen „Promenade des remparts de Paris" geschil-

dert. Oder Chodowiecki wirft mit wenigen raschen Strichen einige Studien von Figuren und Gruppen auf die Kupferplatte (Abb. 4, E. 80), wie sie ihm just bei seinen Spaziergängen in den Wurf kamen. Gerade in solchen flüchtigen Skizzen, wie er sie auch nicht selten in den Rand der Platte größerer Kompositionen mit der Radiernadel einzuritzen liebte — in den sogenannten Randeinfällen — offenbart sich die Anmut seiner Gestaltungsgabe, die unverwüstliche Frische seiner Beobachtung am glücklichsten.

Im Frühjahre 1773 entschloß sich Chodowiecki zu einer Reise nach der Vaterstadt, an der er mit treuer Liebe hing, in der seine kränkelnde alte Mutter mit Sehnsucht auf ein Wiedersehen mit dem Lieblingssohne harrte. Seit seinem Abschied vom Elternhause waren dreißig Jahre verflossen, auf die er mit Genugthuung, ja mit Stolz zurückblicken durfte. Die Stellung und der Ruf, den er in der neuen Heimat genoß, waren durch eisernen Fleiß und unerschütterliche Pflichttreue errungen. Gehobenen Hauptes konnte er jetzt vor seine Verwandten treten, die einst mit frommen Wünschen und banger Sorge seine Wanderung zu ungewissen Zielen begleitet hatten. Es ist begreiflich, daß auch er von der Bedeutung eines solchen Wiedersehens tief durchdrungen und bewegt ward. Mit einer Ausführlichkeit, die selbst bei seiner gewissenhaften Art, sich von allem Erinnernswerten schriftliche Aufzeichnungen zu machen, überrascht, hat Chodowiecki in einem französisch geschriebenen Tagebuche alle, noch so gleichgültigen Erlebnisse dieser Reise beschrieben, und, nicht genug so mit, auch den Zeichenstift zu Hilfe genommen, um sich und den Seinen jeden Augenblick dieser schönen Zeit möglichst deutlich stets wieder in die Erinnerung zurückrufen zu können. Die zahlreichen Skizzen führte er dann später nach seiner Rückkehr sorgfältig mit Feder und Tusche aus, und so entstanden jene prächtigen hundertundacht Blätter, die gegenwärtig die königliche Akademie zu Berlin als kostbares Vermächtnis ihres einstigen Direktors bewahrt. Sie bezeichnen in mancher Beziehung den Höhepunkt seiner Kunst; zugleich gewähren sie uns einen Einblick in das Leben und Treiben des vorigen Jahrhunderts, der sie zu einem sittengeschichtlichen Dokument ersten Ranges erhebt.

Mit der ganzen Umständlichkeit jener Zeit wurde die Reise, die der Künstler zu Pferde machen mußte, da er das Fahren nicht vertrug, vorbereitet. Schon im April des Jahres erhandelte er nach reiflicher Überlegung einen Falben, der uns in seinen Zeichnungen freilich nicht gerade den Eindruck macht, als sei er den Strapazen eines so weiten Rittes sonderlich gewachsen gewesen, der aber gleichwohl unterwegs oft die Tauschlust anderer Pferdebesitzer erregte und also doch wohl seine Vorzüge gehabt haben muß. Am 3. Juni nahm er Abschied von seiner Familie und trabte, das Fell eisen auf den Sattel geschnallt, über die schlecht gepflegten Landstraßen der Mark und Hinterpommerns mit kurzen Nachtrasten gen Danzig. Oft genug nahm er unterwegs die Zügel zwischen die Zähne, um die Hände zum Zeichnen frei zu haben. In Freienwalde läßt er sich mit einer Fähre über die Oder setzen, zieht dann über Massow, wo eine übermütige Gesellschaft seine Nachtruhe stört, nach Plathe; hier begegnet ihm eine Berliner Putzhändlerin, die ebenfalls auf der

Abb. 56. Vertreibung der Familie Rothanker aus dem Pfarrhause. (E. 101.)
Illustration zu Nicolais Sebaldus Nothanker. Berlin. 1774.

Abb. 57. Sebaldus am Sterbebette. E. 102.
Illustration zu Nicolais Sebaldus Nothanker. Berlin. 1774.

Fahrt nach Danzig begriffen ist. Kleine Unfälle, wie das Hineingeraten seines Pferdes in einen Sumpf, ein stürmisches Unwetter auf dem Wege nach Köslin, scheinen ihm romantisch und wichtig genug, um mit seinem Zeichenstift davon Nachricht zu geben. Auch die Reisegesellschaft, die er unterwegs trifft seien es nun Bauern auf elenden Gäulen, fahrendes Volk oder ein Kopenhagener Kaufmann, der mit seinem einspännigen Meßwagen nach Königsberg zieht — regt ihn zu Skizzen an, die oft von köstlichem Humor beseelt sind. Bald nähert er sich der Heimatstadt: an den prächtigen Landsitzen Danziger Patrizier in Oliva und Pelonken geht es vorüber, der Blick schweift zur Linken auf die von Segelschiffen belebte Ostsee, und endlich nach anstrengender Fahrt tauchen die Türme Danzigs vor dem Blick des Reisenden auf. Am Olivaer Thor, durch das er die Stadt betritt, begegnet ihm in vierspänniger Staatskarosse der Bürgermeister Conradi, vor dem die Stadtwache salutiert. Der wackere Falbe

Abb. 58. Sebaldus erbittet Almosen. (E. 157.)
Illustration zu Nicolai's Sebaldus Nothanker. Berlin. 1776.

wird in einen Pensionsstall eingestellt, und mit jenem wunderlichen Mischgefühl, das uns das Wiedersehen der Heimat nach langer Trennung weckt, schreitet Chodowiecki über das altgewohnte Pflaster der Langgasse, vor deren Beischlägen ihm die Ulmen und Linden wie alte Bekannte ein Willkommen zurauschen, zum Vaterhause. Im Hausflur, von dessen massiven Eichenschränken saubere Delfter Vasen herabblinken, erwartet ihn bereits seine Schwester Concordia. Oben, in dem nach dem Hof heraus gelegenen Zimmer angelangt, in dem seine Schwestern ihre Schülerinnen zu unterrichten pflegten, umarmt er in überquellender Freude des Wiedersehens seine greise Mutter. Dies Blatt zählt zu den liebenswürdigsten der ganzen Folge: durch das breite, unverhängte Fenster flutet die Sonne über die zärtliche Gruppe, spielt auf dem Lehnsessel und den Kinderstühlchen, die zur Seite der Betten stehen. Auf dem Klavier, das die eine Längswand des Raumes einnimmt, liegen noch die Bücher, aus denen

Abb. 59. Marianne und Herr von Säugling in der Gartenlaube überrascht. E. 101.
Illustration zu Nicolais Sebaldus Nothanker. Berlin. 1774.

Da werden Bekannte und Kunstgenossen, wie die Maler Weitsch, Lohrmann, der Kupferstecher Deisch und andere besucht, Ausflüge in die schöne Umgebung der Hansestadt wechseln mit Gastereien, Visiten (Abb. 38, 41) und Studien in Kirchen und Gemäldesammlungen; die vornehme und im ganzen sehr exklusive Gesellschaft der alten Hansestadt reißt sich förmlich um den Besuch des berühmten Künstlers, der niemals sein Skizzenbuch bei solchen Gelegenheiten mit neuen anmutigen Familienscenen zu füllen vergißt. Auch als Porträtist und Miniaturmaler wird er vielfach, namentlich von der polnischen Aristokratie, an deren Spitze der Graf Podoski, Erzbischof von Gnesen stand, in Anspruch genommen. Chodowiecki selbst berechnete später seine Einnahmen aus solcher Beschäftigung während seines zweimonatlichen Danziger Aufenthaltes auf 760 Thaler. Da er mit Vorliebe sich selbst bei der Arbeit schilderte und namentlich oft auch in dem Zimmer seiner Mutter (Abb. 42) Bekannte porträtierte, radierte er eine Platte, die das Zimmer und ihn am Zeichentisch darstellte, und zeichnete dann später in die einzelnen Abdrücke dieser Platte die verschiedenen Personen hinein, die ihm dort Modell gesessen. Wenn uns diese Art, Arbeit zu sparen, heute auch wenig künstlerisch erscheint, so wirft sie andrerseits ein bezeichnendes Licht auf die lebhafte Nachfrage nach Bildnissen seiner Hand.

Der Fürst Primas, Graf Podoski, gab ihm den Auftrag zu einem großen Aquarell-

die Schwestern, die jetzt mit neugierigen Blicken den Heimgekehrten mustern, unterrichtet haben, der Nähkorb auf einem Klapptisch, die Töpfe und Vasen auf dem Eckschränkchen, alles verleiht der sonst sehr einfach eingerichteten Stube den Ausdruck der Wohnlichkeit, und man begreift, mit welcher Liebe das Auge des Künstlers an all diesem traulichen Hausrat herumtastete, mit welchem Behagen er die langentbehrte, wohlige Atmosphäre des Vaterhauses nach langer Trennung in sich einsog. Immer redseliger wird sein Zeichenstift, je länger sich sein ursprünglich nur auf zwei Wochen berechneter Aufenthalt in der Heimat ausdehnt.

Abb. 60a. Die Kleidertracht der Berlinischen Prediger.

porträt, bei dem wir auf einem Blatte seines Skizzenbuchs den Maler beschäftigt sehen, während die behäbige Intendantin des geistlichen Herrn, Frau Oehmchen, in selbstbewußter Haltung die zierliche Begrüßung eines jungen Kavaliers entgegennimmt (Abb. 43). Weniger förmlich geht es in der bürgerlichen Wohnung der Damen Kaemmerer und Claude zu (Abb. 44), wo man den Künstler mit frischem Obst bewirtet. Als er einmal zur Gräfin Czapska geht, um sie zu malen, wird er nicht vorgelassen, da die Herrschaften bei der Tafel sind; eine jugendliche Freundin des Hauses aber, die Tochter des Starosten Leditowski, kommt persönlich in den Hausflur heraus, um die Nichtannahme des Besuches zu entschuldigen (Abb. 46). Überall sonst war er willkommen und als intimer Hausfreund begrüßt (Abb. 38). Selbst Frau Oehmchen ließ sich zu einer Sitzung herbei (Abb. 47), und zahlreiche andere Damen und Herren der polnischen und einheimischen Gesellschaft wanderten mit oder gegen ihren Willen in sein Skizzenbuch (Abb. 45, 48 bis 55). Nur ungern widersteht man der Versuchung, all den Einzelheiten nachzugehen, von denen uns seine Zeichnungen und sein Journal Kunde geben. Aber, seine Ausführlichkeit nachzuahmen, hieße ein Buch im Buche schreiben. Wir müssen daher den Leser auf die Zeichnungen selbst, von denen eine beträchtliche Zahl hier reproduziert ist, sowie

Abb. 61. Streit der Prediger über die Zulassung eines calvinistischen Taufzeugen. (E. 132.
Illustration zu Nicolais Sebaldus Nothanker. Berlin. 1775.

Abb. 60 b.
Illustration zu Nicolais Sebaldus Nothanker. Berlin. 1775.

auf die vollständige Publikation derselben, die unlängst bei Amsler und Ruthardt in Berlin in zweiter Auflage erschienen ist, verweisen.

Am 18. August nach Berlin zurückgekehrt, fand er zahlreiche neue Aufträge vor, darunter auch einen, der ihn zu einer zweiten Reise veranlaßte. Der durch die Errichtung der Berliner Porzellanmanufaktur bekannt gewordene, aber durch verschiedene andere Unternehmen in seinen Vermögensverhältnissen stark zurückgekommene Kaufmann Gotzkowski, der, selbst ein eifriger Kunstsammler, in späteren Jahren auch gelegentlich Kunsthandel trieb, hatte die

Abb. 62. Illustration zu Gellerts Fabeln
im Genealogischen Kalender für Westpreußen.
1777. E. 160.)

Abb. 64. Illustration zu Gellerts Fabeln
im Genealogischen Kalender für Westpreußen.
1777. E. 160.

Abb. 63. Illustration zu Gellerts Fabeln
und Erzählungen im Genealogischen Kalender
für Westpreußen. 1776. E. 141.

Abb. 65. Illustration zu Gellerts Fabeln
im Genealogischen Kalender für Westpreußen
1777. E. 160.

Absicht, die Gemäldesammlung der Gräfin von Mosel auf Sabor zu erwerben, und wollte dieselbe vorher von einem Sachverständigen taxieren lassen. Chodowiecki, der als Gemäldesammler und Kenner ebenso bekannt war, wie als Maler, war zu diesem Geschäft ausersehen. Er benutzte die Gelegenheit, um, einem langgehegten Wunsche folgend, Dresden einen kürzeren Besuch abzustatten. Nachdem er die Schloßgalerie in Sabor eingehend besichtigt und der Besitzerin den Rat gegeben, ihre Forderung an Gotzkowski erheblich zu reduzieren, reiste er weiter durch die Niederlausitz nach Elbflorenz, wo er am 24. Oktober anlangte.

Hatte Chodowiecki in Danzig von den dort ansässigen Künstlern viel Klagen hören müssen über die schlechten Zeiten, in denen die Kunstfreunde rarer seien, als weiße Raben, hatte man von hier mit stillem Neid auf seine einträgliche Beschäftigung in Berlin geblickt, so mußte er am Elbstrand einsehen, daß die Streusandbüchse des Teutschen Reichs doch wohl nicht den besten Nährboden für die Früchte der Kunst abgebe. Wie ärmlich erschien das Kunstleben der friedericianischen Hauptstadt neben dem prunkvollen Mäcenatentum der polnischsächsischen Dynastie! Die Kunstschätze der kurfürstlichen Residenz hatten seit lange Weltruf. Dichtete doch schon am An-

Abb. 67. Illustration zu Philippine Engelhardts Gedichten. Göttingen. 1782. (E. 420.)

fange des Jahrhunderts ein nassauischer Hofmedicus mit mehr Begeisterung als Geist:

Das Auge sieht sich nimmer satt,
Sagt Salomo in seinen Sprüchlein:
Ach, daß er Dresden nicht gesehen hat!
Vermutlich hätt' er diesen Satz
Geändert, wo nicht ausgestrichen.

Denn das, was man in Dresden schauet,
Und was August vollführt und bauet,
Sieht man sonst nirgends in der Welt!

Hier hatte Winckelmann gewirkt, Ludwig von Hagedorn und Raffael Mengs hatten litterarisch zur Verbreitung der Kunstinteressen beigetragen, letzterer wurde „von ganz Europa als der bedeutendste Maler des Jahrhunderts" gepriesen. Auch Anton Graff, der gefeierte Bildnismaler, weilte hier, und Chodowiecki versäumte nicht, diesem alten Freunde

Abb. 66. Gil Blas als Diener des Gonzalez Pacheco. (E. 285.)
Illustration zu Le Sage's Gil Blas. Berlin. 1779.

Kaemmerer, Chodowiecki. 4

Abb. 68. Erfindung der Buchdruckerkunst.
E. 517.
Illustration zum Almanac de Gotha. 1785.

Abb. 69. Naturzustand der Menschheit.
E. 517.
Illustration zum Almanac de Gotha. 1785.

und künstlerischen Gesinnungsgenossen einen Besuch abzustatten, ebenso wie er auch die übrigen Mitglieder der Dresdener Maler- und Kupferstecherkolonie aufsuchte, um bei ihnen, wie in den kurfürstlichen und privaten Sammlungen reichste Anregung zu finden. Der Kupferstecher Zingg führte ihn zu dem Antiquar Lippert, der in seiner Daktyliothek sich die erste umfassende Kollektion von Abdrücken antiker geschnittener Steine und Gemmen angelegt hatte. Der schwerhörige und griesgrämige alte Herr im polnischen Schnürrock reizte den Künstler zu einer Zeichnung, die ihn im Gespräch mit dem genannten Zingg darstellte. Noch nach fünfundzwanzig Jahren benutzte er diese Scene, die nicht eines gewissen humoristischen Beigeschmacks entbehrt, als Vorlage zu einer Radierung E. 882).

Der Aufenthalt in Dresden regte in unserem Künstler zeitweilig die Erwägung an, ob er nicht ganz dorthin übersiedeln sollte; als ihm jedoch 1777 der Antrag gemacht wurde, die Stellung eines Inspektors am kurfürstlichen Kupferstichkabinett zu übernehmen, lehnte er ab. Die Rückreise führte Chodowiecki über Leipzig, wo er Friedrich Oesers Bekanntschaft machte, der durch seine Beziehungen zu Winckelmann und später zu Goethe mehr als durch seine manierierten Malereien bekannt geworden ist.

Viel Muße, die auf den Reisen empfangenen Eindrücke und Anregungen daheim zu verarbeiten, fand Chodowiecki nach seiner Heimkehr nicht. Von allen Seiten kamen Aufträge, häuften sich die Bestellungen, die er nur in den seltensten Fällen auszuschlagen sich entschließen konnte. Zwei Schriftsteller besonders bemühten sich, ihn für ihre Zwecke zu gewinnen: Friedrich

Abb. 70. Titelvignette zu Salzmanns Carl von Carlsberg. Leipzig. 1784. E. 495.

Nicolai und Johann Kaspar Lavater.

Christoph Friedrich Nicolai spielt in der deutschen Litteratur der friderizianischen Epoche eine ähnliche Rolle, wie Chodowiecki in der gleichzeitigen Kunst. Vom Buchhändlerlehrling zum Gelehrten aufgestiegen, suchte er in Verbindung mit Lessing und Moses Mendelssohn der neuen Aufklärung eine möglichst allgemeine Verbreitung zu geben. Die Forschungsergebnisse und Anschauungen der Gelehrtenwelt sollten eine läuternde Umwälzung des Denkens und Empfindens in den breitesten Volksschichten bewirken, und dieser Aufgabe dienten die von Nicolai herausgegebenen Zeitschriften ebenso wie seine Romane. So versucht er in dem „Leben und Meinungen des Herrn Magister Sebaldus Nothanker", die engherzige und heuchlerische protestantische Orthodoxie zu geißeln, die den Titelhelden, einen der neuen Denkart geneigten Dorfprediger, auf jede mögliche Weise zu drangsalieren versucht. Chodowiecki war bestrebt, die allzu nackt und grell hervorgekehrte Tendenz dieses Romans in seinen Illustrationen zu mildern. Die sentimentalen Scenen, wie die Vertreibung der Familie Nothanker aus dem Pfarrhause (Abb. 56, F. 101), Sebaldus am

Abb. 71. Modeopfer zum Göttinger Taschenkalender. 1778. (E. 195.)

Abb. 72. Fortgang der Jugend und des Lasters. E. 188. Illustration zum Göttinger Taschenkalender. 1778.

Abb. 73. Fortgang der Jugend und des Lasters. E. 188. Illustration zum Göttinger Taschenkalender. 1778.

Abb. 71.
Bücherzeichen Chodowiedis.
(E. 182.)

„Freuden des jungen Werther", die dem beispiellos eingeschlagenen Erstlingsroman Goethes ein Paroli bieten sollten (E. 120), die Anekdoten von Friedrich II., ein Chodowiecki besonders willkommener Vorwurf, den „feynen kleynen Almanach" (1777 E. 167) und zahlreiche Bände der „allgemeinen deutschen Bibliothek", in deren einem (1776) wir auch ein Jugendporträt Goethes von Chodowiedis Hand (E. 166) vorfinden.

Johann Kaspar Lavater, von dessen überlautem Entzücken über Chodowiedis „Calas" wir bereits oben berichteten, gehört zu den originellsten Persönlichkeiten der Aufklärungsepoche: phantastisch und zur Mystik geneigt, ohne jede Mäßigung, wenn es galt, seine Ideen zu verfechten, fromm und bekehrungssüchtig, - kurz in allem der schroffste Gegensatz zu dem kühl vernünftelnden, nüchternen

Sterbebette seiner Gattin (Abb. 57, E. 102) und die Schilderung der Notlage des Verfolgten, der schließlich Almosen anzunehmen sich gezwungen sieht (Abb. 58, E. 157), gelingt dem Zeichner offenbar besser, als die Satire auf die hoffärtige Adelsgesellschaft (Abb. 59, E. 104) und die streitsüchtige Geistlichkeit, deren Vertretern Nicolai lächerliche Namen wie Puddewustius, Buhlvedderius und Wullentragenius beigelegt hatte (Abb. 61, E. 132). Weit feiner als dem Autor gelang es dem Zeichner, die Scheinheiligkeit und hohle Würde dieser Herren zu ironisieren — in dem zierlichen Blatt E. 122, das die „Kleidertrachten der berlinischen Prediger" scheinbar ohne jeden tendenziösen Beigeschmack darstellt (Abb. 60 a u. b). Außerdiesem dreibändigen Roman Nicolais, der sich einer großen Verbreitung und Anerkennung erfreute, illustrierte unser Künstler später noch zahlreiche andere von demselben Verfasser herausgegebene Schriften, wie die

Abb. 75. Illustration zu Shakespeares Macbeth.
Skizze zu E. 511.

Abb. 76. König Friedrichs II. Wachtparade in Potsdam. 1777. Zweiter Zustand. (S. 106) Vertleinert.

Abb. 77. Illustration zu Hippels Lebensläufen. Berlin. 1778. (E. 302.)

bei vielen auf die Vorzeichnung, die andere Stecher aufs Kupfer brachten. Was von ihm selbst in Radierung in den Jahren 1774 und 1775 ausgeführt wurde, sind etwa 14 Blatt, ungleich wertig in Erfindung und Ausdruck. Die größeren Köpfe, wie Lavaters Vater auf dem Totenbett (E. 124), haben etwas Ängstliches und Gequältes, jedes Fältchen, jede Runzel soll etwas aussagen und beweisen, die graue Theorie guckt überall hervor. Chodowiecki schrieb von einem Blatt derart selbst halb unwillig: „Nach einer weitläufigen Beschreibung von Lavater gezeichnet." Glücklicher sind die kleinen, nur in scharfen Umrissen angedeuteten Köpfe von Personen aus verschiedenen Zeitaltern, Nationen, Ständen und Lebensaltern; hier konnte sich der Zeichner frei bewegen, plünderte nach Lust seine älteren Skizzenbücher und Mappen, und wir bewundern, wie scharf er in dem kleinen Format und mit anspruchslosesten Mitteln die verschiedenen Charaktere zu kennzeichnen versteht, wenngleich er notwendigerweise auch hier

Nicolai, der ihn auch aufs heftigste befehdete hatte dieser seltsame Schwärmer sich vorgesetzt, eine neue Ära jener schon von den Astrologen und Zeichendeutern des Mittelalters geübten Kunst der Physiognomik heraufzuführen. Aus Beschaffenheit und Form der Gesichtszüge das Seelenleben und die Eigenschaften des Menschen zu erkennen, war das Ziel dieser Orakelkunst. Um dem großen Publikum eine Vorstellung von der Art seines Vorgehens zu geben, das eine neue Wissenschaft vom inneren Menschen begründen sollte, verband er sich mit dem Künstler, dem er als Charakterschilderer die größte Befähigung zutraute, mit Daniel Chodowiecki. Dieser mußte ihm die erläuternden Kupfer zu seinen „Physiognomischen Fragmenten zur Beförderung der Menschenkenntnis und Menschenliebe" liefern. Nicht alle Tafeln konnte Chodowiecki auch eigenhändig radieren und beschränkte sich daher

Abb. 78. Illustration zu Shakespeares Lustigen Weibern zu Windsor. (E. 568.)
Göttinger Taschenkalender. 1787.

manchmal dem lehrhaften Zwecke
zuliebe in Übertreibung verfällt.

Sehr viel bequemer lag
Chodowiecki der natürliche und
schalkhafte Ton von Gellerts
Fabeln und Erzählungen, ja
man darf vielleicht sagen, daß
Gellerts Schrifttum seiner Grif
felkunst am meisten kongenial
war. In dem Genealogischen
Kalender für Westpreußen er=
schienen 1776 zwölf Blätter, die
die Pointen von zwölf Gellert=
schen Fabeln zum Gegenstand
haben (E. 141); im folgenden
Jahr an gleicher Stelle zwölf
weitere Radierungen der Art
(Abb. 62, E. 160). Wie treffend
weiß der Kleinmeister hier die
hohle Aufgeblasenheit und den
Zorn des verspotteten alten
Dichters (Abb. 63, E. 141) zu
charakterisieren, oder den Greis,
dessen Lebensinhalt die lakonische
Grabschrift umfaßt: Er lebte,
nahm ein Weib und starb!
(Abb. 64). Wie hübsch ist der

Abb. 80. Weibliche Dienstboten. (E. 368.)
Illustration zu Lichtenbergs Vorschlag zu einem Orbis pictus.
Im Göttingischen Magazin der Wissenschaften. 1780.

Abb. 79.
Heiratsantrag des Einfaltspinsels.
Illustration zum Taschenbuch für 1782.
Göttingen. (E. 382.)

Zug, in den beiden heiratslustigen Mädchen
(Abb. 65) die natürliche Anmut und die gefall
süchtige Geziertheit zu kennzeichnen: ob schlicht,
ob verzogen, sie hoffen beide „Worauf? Gewiß
auf einen Mann."

Wie Gellert hat auch Chodowiecki stets nur
ein gutmütiges Lächeln für die Thorheiten dieser
Welt, nie drängt sich Verbitterung oder Ver
bissenheit gehässig hervor. Alles weiß er zum
Guten zu wenden. Als er einst — es war im
Sommer 1775 — seiner Familie einen Sonntags=
ausflug nach dem damals beliebten Vergnügungs=
orte Französisch Buchholz versprochen hatte, das
schlechte Wetter und das Ausbleiben des Wagens
aber das Vorhaben vereitelte, wußte er schnell der

üblen Laune zu begegnen, indem er die Seinen durch eine lustige Zeichnung der projektierten Fahrt entschädigte. In feierlicher Prozession zieht die Familie zu lustig fiedelnd den Zug der „Wallfahrt nach Französisch Buchholz," die der Erfinder des heiteren Schwanks vier Jahre später auch noch in Kupfer verewigte (E. 337).

Abb. 81. Der Große Kurfürst empfängt die französischen Emigranten. (E. 460.)
Illustration zu Ermans Memoires. Berlin. 1782.

Fuß nach Buchholz: Susette, die zweitälteste Tochter des Hauses, Würste und Brezeln auf einer Heugabel tragend, voran, die anderen folgen mit Torten und einem gefüllten Weinkorb. Vetter Kolbe schließt Als im selben Jahr sein Freund, der Eisenhändler Barthelemy, Hochzeit machte, entwarf er die Tischkarte, die ebenfalls mit schalkhaften Einfällen und Anspielungen gespickt ist (E. 133). Allein zu solchen

Scherzen blieb dem rastlos Arbeitenden in diesen Jahren, wo sich die Aufträge so häuften, daß er oft die Nacht durch arbeiten mußte, wenig Zeit. Es hieße, in seinem Hause eine Kupferdruckpresse aufgestellt, während er früher für das Drucken seiner Platten auf fremde Hände angewiesen war. Belletristische Werke,

Abb. 82. **Der Große Kurfürst preist die gewerblichen Erzeugnisse der Réfugiés.** (E. 560.)
Illustration zu Ermans Memoires. 1786.

eine Litteraturgeschichte jener Tage schreiben, wollte man all die Titelkupfer, Vignetten und Illustrationen eingehender behandeln, die Chodowieckis Presse verließen. Seit dem Jahre 1771 hatte er sich nämlich Erbauungs- und Schulbücher wechseln mit Zeitschriften, Kalendern und Almanachen, deren Ausstattung durch unseren Meister geradezu vorbildlich wurde. So verdrängten seine Kupfer allmählich die

Abb. 83. Titelkupfer zu Cramers Übersetzung der Nouvelle Héloïse von Rousseau. Berlin. 1785—1787. (E. 535.)

dem der bekannte Satiriker Lichtenberg, der Kommentator William Hogarths, Erläuterungen schrieb, das „Leben eines schlecht erzogenen Frauenzimmers" (E. 279), ein Gegenstück zu dem bereits früher erschienenen „Leben eines Liederlichen" (E. 90) u. a. m. Trotz des Anklangs an die Titel, die der eben genannte englische Sittenschilderer für seine Kupferstichserien wählte, ist doch Chodowieckis Auffassung von der Aufgabe eines künstlerischen Moralisten von der eines Hogarth, mit dem er so oft verglichen wurde, grundverschieden, und er hat sich wiederholt dagegen gewehrt, dem Engländer verglichen zu werden, dessen Bitterkeit, die sich am Häßlichen weidete, ihm durchaus fremd war. Goethe hat treffend die Neigung unseres Meisters zur Milderung und Ausgleichung schroffer Gegensätze charakterisiert: „Unser wackerer Chodowiecki hat manche Scenen der Unnatur, der Verderbnis, der Barbarei und des Abgeschmacks trefflich dargestellt; allein, was that er? Er stellte dem Hassenswerten sogleich das Liebenswürdige entgegen, Scenen einer gesunden Natur, die sich ruhig entwickelt, einer zweckmäßigen Bildung, eines treuen Ausdauerns, eines gefälligen Strebens nach Wert und Schönheit." Man möchte meinen, Goethe habe diese Worte vor den eben erwähnten Kupferfolgen, denen sich auch noch die „Natürlichen und affektierten

französischen Arbeiten aus dem Gothaischen Hofkalender, der von allen Almanachen zweifellos das größte Ansehen auch im Auslande genoß. Diese Arbeit war Chodowiecki schon deshalb willkommen, weil ihm hier oft freie Wahl der Gegenstände gelassen wurde. So brachte er bald, wie in dem Lauenburger Kalender von 1777, zwölf Monatskupfer, die ihrerseits den Dichter L. Haken zu einer Erzählung inspirierten (E. 123), bald Modekupfer, für die ihm nicht selten die Damen seines Bekanntenkreises Modell standen, wie die extravaganten Berliner Haartrachten im Göttinger Taschenkalender für 1778 (Abb. 71, E. 195), aber auch moralisierende Folgen, wie den „Fortgang der Tugend und des Lasters" (Abb. 72, 73, E. 188), zu

Abb. 84. Titelvignette zu Hermes' Zween litterarische Märtyrer. Leipzig. 1789. (E. 610.)

Handlungen des menschlichen Lebens" (E. 256) und die „Beweggründe zum Heiraten" (E. 598) an reihen lassen, niedergeschrieben.

In dieser Zeit, als die Bibliothek des emsigen Illustrators sich so schnell mit den zahllosen von ihm selbst geschmückten Büchern füllte, entstand auch das Ex-libris, das er nach einer damals weit verbreiteten, in unseren Tagen wieder neuaufgelebten Sitte in die ihm gehörigen Bände einzukleben pflegte: Der geflügelte Genius der Kunst führt einen jungen Künstler zu den Brüsten der Natur ein schlichtes und ehrliches Bekenntnis seiner Anschauungen vom Wesen und den Zielen aller Kunstübung und Kunstbegeisterung (Abb. 74, E. 192).

Eine größere Arbeit des Jahres 1777 freilich, die Wachtparade Friedrichs II. in Potsdam (E. 196, Abb. 76), die er in zwei Wiederholungen stach, mahnt uns auch wieder bedenklich an die Schranken, die seiner Kunst gesetzt waren. Fast immer, wenn er über das Taschenbuchformat sich hinauswagt, glauben wir mit ihm die Unsicherheit des nur all zusehr an kleine Maßstäbe gewöhnten Zeichners zu empfinden. Schon die zeitgenössische Kritik tadelte an dem genannten Blatte einige Zeichenfehler, wie den zu weit vorgerückten Vorderfuß des kronprinzlichen Pferdes, den Chodowiecki auch in der zweiten Platte „den Unkennern zu gefallen", wie er selbst schrieb, korrigierte, aber auch abgesehen von solchen kleinen „Pentimenti" ist bei jeder größeren Platte des Meisters eine Abnahme der Lebendigkeit in der Bewegung der Gestalten, eine Steifheit und ein gewisser Mangel an Raumsinn zu verspüren, den die kleinliche technische Behandlung nur um so auffälliger macht. Freilich bleibt für uns die Wachtparade Friedrichs des Großen, ganz abgesehen von ihrem künstlerischen Wert, immer ein kostbares zeitgenössisches Dokument, da wir mit Recht annehmen dürfen, daß an Treue in der Wiedergabe aller Einzelheiten ein so gewissenhafter Schilderer, wie Chodowiecki nichts versäumt haben wird.

Abb. 85. Aufführung der Minna von Barnhelm im Kuhstall. (E. 490.)
Illustration zu Müllers Siegfried von Lindenberg. Leipzig. 1783.

So wird denn diesem Blatte die Popularität erhalten bleiben, die schon zu Lebzeiten seines Schöpfers, der nicht weniger als vierunddreißig Kopien danach kannte, eine außerordentliche war. Auch ein größeres Porträt, das uns die Züge des Philanthropen und Pädagogen Friedrich Eberhard von Rochow erhalten hat, ist in diesem überaus arbeitsreichen Jahre 1777 entstanden (E. 191). Der Besteller entrüstete sich anfangs einigermaßen über den hohen Preis von hundert Thalern für die Platte, was ihn aber nicht abhielt, sie einige Jahre später für die doppelte Summe weiter zu verkaufen.

Von den zahllosen Illustrationen aus der zweiten Hälfte der siebziger Jahre, der reichsten Ernte- und Reifezeit, will ich nur als die hervorragendsten folgende erwähnen: das Titelkupfer zur zweiten englischen Auflage von Goldsmiths „Vicar of Wakefield" (E. 149), dessen Inhalt Chodowiecki auch zu zwölf Kalenderkupfern E. 159 anregte, die zierlichen und stimmungsvollen beiden Darstellungen aus Goethes Werther, die eine französische Übersetzung des Werkes schmücken (E. 151, 152), und die der Dichter zu seinen Lieblingskupfern zählte, die vierundzwanzig Scenen eines damals viel gelesenen fünfbändigen Romans von Hermes: Sophiens Reisen von Memel nach Sachsen (E. 172, 182), der ersten ausführlichen Schilderung der Sitten und Charaktere des deutschen

Abb. 87.
Das trojanische Pferd. (E. 611.)
Illustration zu Blumauers Äneide im Großbritannischen Genealogischen Kalender. Lauenburg. 1790.

Abb. 86. Skizze zu E. 390, s. Abb. 89. Im Besitz der Frau Dr. Ewald, Berlin.

Mittelstandes im achtzehnten Jahrhundert, daher Chodowieckis Begabung gut gelegen, Bürgers Gedichte (E. 232—239), Hippels Lebensläufe in aufsteigender Linie (E. 246—251, 298—303, Abb. 77), ein auch heute noch lesenswertes Buch, während die humoristischen Romane Wezels „Peter Marks" (E. 292—297) und „Die wilde Betty" (E. 280—284) nur durch ihre Kupfer, die zu den technisch gewandtesten unseres Meisters gehören, noch einiges Interesse zu wecken vermögen. Schließlich die Monatskupfer des Gothaer Kalenders von 1780, die ihren Stoff Lessings Fabeln und Erzählungen entlehnten (E. 320). Diese Blätter zogen Chodowiecki eine sehr heftige Kritik in Meusels Miscellaneen zu, gegen die der Angegriffene sich bescheiden, aber mit Nachdruck in der gleichen Zeitschrift verteidigte. Uns scheint der große Aufwand an und Theaterzeitung von 1778 radierte. Brockmann, der einem Garrick und Kean an die Seite gestellt wurde, zählte den Hamlet zu seinen Paraderollen, aber seine kleinbürgerliche Maske, wie sie Chodowiecki getreulich wiedergibt, würde uns schlechterdings alle Illusion zerstören. Nicht vergessen darf man dabei, daß Shakespeare damals erst unlängst für die Bühne wieder entdeckt war und auch von Schauspielern dargestellt, die lediglich am bürgerlichen Drama geschult waren, das Publikum durch die Wucht seiner grandiosen Charakterschilderung und packenden Sprache zu lautem Enthusiasmus hinriß. An diesen Shakespeareaufführungen berauschten die Dichter der Sturm und Drangperiode ihre steuerlose Einbildungskraft. Chodowiecki indes sah mit nüchternen Sinnen nur

Abb. 88. Illustration zu Blumauers Aeneide im Großbritannischen Genealogischen Kalender. Lauenburg. 1790. (E. 611.)

Abb. 89. Titelkupfer zu dem Roman: Philipp von Freudenthal. Berlin. 1781. E. 390.

Worten und theoretischen Erörterungen für die Beurteilung solcher liebenswürdigen Kleinigkeiten recht abgeschmackt, aber wir lernen daraus, eine wie eingehende Aufmerksamkeit die Zeitgenossen gerade dem Illustrationswesen zuwendeten. Von der Wahl des geeigneten Moments der Darstellung bis zu jedem Fältchen in Mienen und Gebärden der Figuren wurde alles damals peinlich unter die Lupe des in enge Theorien eingezwängten Kunstverstandes genommen und zergliedert, freilich, ohne daß man dem Wesen der Sache damit erheblich näher gekommen wäre.

Sehr kurios muten uns auch die Scenen aus Shakespeares Hamlet (E. 213. 214) an, die Chodowiecki, angeregt durch Brockmanns vielbewundertes Auftreten in Berlin, als künstlerische Beigabe zu zwei Aufsätzen über das Spiel des großen Tragöden in der Litteratur-

Abb. 90. Illustration zu Coventrys Roman: Der kleine Cäsar.
Leipzig. 1782. E. 431.)

das, was auf der Bühne dem Auge sich bot, auch seine späteren Shakespeareillustrationen, wie die zu Hamlet (E. 252), Coriolan (E. 571), König Heinrich IV. (E. 539), Macbeth (Abb. 75, E. 514) und dem Sturm (E. 583) zeugen dafür, daß ihm die Leidenschaft und der stürmische Feuergeist des großen Briten innerlich fremd blieb. Am nächsten lag seinem Naturell noch der Humor der Lustigen Weiber von Windsor, die er 1786 für den Göttinger Taschenkalender (Abb. 78, E. 568) illustrierte. Aber stets fühlt man auch hier die Fessel durch, die ihm der fremde Vorwurf anlegte. Wie viel freier bewegt er sich, wenn es gilt, seinen eignen Humor leuchten zu lassen, z. B. in den beiden Kupferstichfolgen: Natürliche und affektierte Handlungen des Lebens (E. 256 u. 329)! Was in jener Zeit Natürlichkeit hieß, erscheint uns freilich heute noch immer reichlich affektiert, die Tracht der Zeit, die Schnürleiber und gepuderten Perücken, die Stöckelschule hemmten die freie Bewegung, Erziehung that das

Ihrige dazu, aber die Lächerlichkeit der Incroyables und Merveilleusen, die tänzelnden Schrittes einherstolzieren, selbst in der Kirche nicht ihre gespreizten Alluren ablegen, ist doch von Chodowiecki, der auch hier vielfach nur seine treue Beobachtungsgabe zu benutzen brauchte, meisterhaft in Gegensatz zu der Natürlichkeit des schlichten Bürgers gestellt.

Das Jahr 1779 brachte unserem Meister einen schmerzlichen Verlust: seine geliebte Mutter, die schon lange gekränkelt, erlag am 30. Mai in Danzig ihren Leiden. Für die in recht bescheidenen Verhältnissen zurückgebliebenen Schwestern zu sorgen, war dem Bruder Pflicht und Bedürfnis. Im Juli des nächsten Jahres rüstete er sich daher wiederum zu einer Reise nach der Heimat. Das Haus in der Heiligengeistgasse wurde verkauft und die Schwestern eingeladen, nach Berlin überzusiedeln. Trotz den mannigfachen Geschäften, die seine Zeit während des diesmal nur kurzen Aufenthalts in der Vaterstadt in Anspruch nahmen, fand der an unablässige Thätigkeit gewohnte Künstler hier noch Muße, einige Platten zu radieren (E. 369—371. Sie waren für eine deutsche Übersetzung des „Lobes der Narrheit" von Erasmus von Rotterdam bestimmt, das im sechzehnten Jahrhunderts bereits Hans Holbein den Jüngeren zu einer Reihe köstlicher Federzeichnungen inspiriert hatte: die Verspottung menschlicher Thorheit und Eitelkeit, die Chodowiecki hier mit Glück modernisierte, lag ihm freilich in jenen Tagen trüber Stimmung wohl weniger am Herzen, als ein anderes Thema, dessen klassische Prägung die deutsche Kunst ebenfalls Holbein verdankt: der Totentanz. Der Sensenmann,

Abb. 91. Entführung. Illustration zu Bunkels Leben. Skizze zu E. 222. Berlin. 1778.

der eben mit grausamer Hand in seine Lebenskreise eingegriffen und ihm das Teuerste geraubt, wird von Chodowiecki in einer Reihe von Scenen (E. 662) geschildert, deren Motive sich zwar im allgemeinen an die herkömmlichen Totentanzbilder anlehnen — es sind die einzelnen Stände, die der Reihe nach dem Ruf des Allgewaltigen folgen müssen — aber uns überrascht die dämonische Größe der Auffassung, zu der sich der sonst so nüchterne Beobachter des alltäglichen Kleinlebens hier nicht selten erhebt. Erst zwölf Jahre später wurden die Zeichnungen in Kupfer gebracht und dem Lauenburger genealogischen Kalender beigegeben, nachdem man lange den Gegenstand als Kalenderschmuck beanstandet hatte: „so revolvant war bey jedem der Gedanke, einer Dame den Todt in so mancherlei Gestalten zum Weynachts- oder Neujahrsgeschenk zu machen."

Mehr in freiem Wettstreit mit den von Lichtenberg gemachten Vorschlägen, als von ihnen abhängig, entstanden 1780 die Kupfer zu einem Orbis pictus, kleine, überaus zierliche und geistreiche Charakterfigürchen, von denen wir eines in Abbildung (Abb. 80, E. 368) wiedergeben. Lichtenberg wollte „der Armut unserer dramatischen Schriftsteller sowohl als auch der Schauspieler und Künstler dadurch zu Hilfe kommen, daß er frappante Züge ... aus allerley Ständen des bürgerlichen Lebens" sammelte und herausgab, eine Aufgabe, die für Chodowiecki wie geschaffen schien, um seine zahlreichen Beobachtungen und Studien

Abb. 92. Herzog Leopold von Braunschweig eilt den durch Wassersnot Bedrängten zu Hilfe. 1785. E. 510.

Abb. 93. Satire auf die Nachdrucker. (E. 394.)

nach dem Leben in zwangloser Folge zu veröffentlichen. So sehen wir auf dem mitgeteilten Blatte die Typen weiblicher Dienstboten von der Kammerfrau und Zofe bis zum Waschweib in höchst lebendiger Weise vereinigt. In solchen Charakterfigürchen kleinsten Maßstabes offenbart sich die ganze Liebenswürdigkeit und Schalkheit seines Wesens, die ganze Feinheit seiner Radiernadel, ähnlich wie in den gleichzeitigen „Occupations des Dames" (E. 355), den beiden Folgen von „Heiratsanträgen" verschiedener Freier (Abb. 79, E. 345 und 382) und der Verspottung der Steckenpferdreiterei (E. 357). Dazwischen klingt dann wieder in der anmutigen Titelvignette zu Cramers „Unterhaltungen" (Berlin 1781, Abb. 2, E. 376) der innige Ton häuslichen Familienglücks durch, dessen herzerquickende Schilderung zu den vornehmsten Ruhmestiteln Chodowieckis zählt.

Aber auch Aufgaben, die seinem Wesen und seiner Begabung durchaus fern lagen, durfte sich unser Meister nicht entziehen. Durch seine Beziehungen zur französischen Kolonie Berlins war er auch mit dem Prediger der französischen Gemeinde Erman bekannt geworden, dessen Geschichte der Refugiés er illustrierte (Abb. 81, 82, E. 460, 493, 560), und der ihm

Abb. 94. Titelvignette zu Gotters Gedichten. (Gotha. 1788. E. 592.)

Kaemmerer, Chodowiecki. 5

1780 den Auftrag des Konsistoriums überbrachte, Entwürfe für die plastische Ausschmückung des von Carl von Gontard neu wiederhergestellten französischen Doms auf dem Gendarmenmarkt zu liefern. Einen Kleinmeister wie Chodowiecki mit solcher Aufgabe zu betrauen, war ein Mißgriff, der sich notwendigerweise rächen mußte. Zu der That gehören die Statuen und Reliefs des „französischen Turmes," die in den Jahren 1781—1784 von den Bildhauern Föhr und Bardou nach diesen Entwürfen ausgeführt wurden, zu dem Unglücklichsten, was die ohnehin schwächliche Monumentalkunst jener Zeit hervorgebracht hat. Immerhin bezeugt das Vorgehen der Baubehörde, das auch vom Könige gebilligt wurde, welche große Bedeutung man dem einst kärglich bezahlten Miniaturmaler jetzt auf allen Gebieten bildender Kunst in der Residenzstadt beimaß. Sein Gutachten wurde auch von auswärts oft bei Abschätzung von Kunstsammlungen eingeholt: so galt es, 1781 die Kupferstichsammlung des Hamburger Großkaufmanns Zillem zu ordnen und zu inventarisieren, was Chodowiecki zu einem anregenden vierwöchentlichen Besuch der mit Kunstschätzen reich gesegneten Hansestadt veranlaßte. Das umfangreiche Verzeichnis der Sammlung Zillem erschien im folgenden Jahre im Verlage von Decker in Berlin.

Abb. 95. Lenorens Todesritt. (E. 612.) Titelvignette. 1789.

Abb. 96. Illustration zum Gothaischen Hofkalender. 1790. E. 611.

Abb. 97. Illustration zum Berliner Historisch-Genealogischen Kalender. 1793. (E. 687.)

Das etwas schwüle und frivole Milieu der Neuen Heloise des Einsiedlers von Montmorency und namentlich der Dichtungen Voltaires war eine fremde Welt für den ehrbaren deutschen Sittenmaler, die leichtfertige Grazie der französischen Romanciers nicht seine Sache.

Dagegen mußte ihn die Kleinmalerei und Empfindsamkeit des englischen Familienromans, wie ihn Samuel Richardson unter dem lebhaftesten Beifall eines Lessing und Klopstock in die Weltlitteratur eingeführt hatte, aufs sympathischste berühren und zu künstlerischem Nachgestalten anregen. Richardsons Clarissa Harlowe, einer unendlich weitschweifigen, aber an fein beobachteten Zügen des Seelenlebens überreichen moralischen Erzählung in Briefform, verdanken wir eine Reihe von Arbeiten Chodowieckis, die zu seinen reifsten und besten gehören (E. 521—527, 550—557). Nicht minder trefflich sind die Kupfer zu Lorenz

Abb. 98. Naturforscher am Mikroskop. (E. 585.)
Titelkupfer zu Blumenbachs Naturgeschichte. 1787.

Immer schwerer wird es, aus der Hochflut illustrativer Arbeiten, mit denen Chodowiecki den deutschen Büchermarkt in den nächsten Jahren überschwemmte, diejenigen Leistungen hervorzuheben, die als Marksteine seiner künstlerischen Entwickelung gelten könnten. In gewissem Sinne war diese — namentlich was die Technik anlangt — bereits mit den siebziger Jahren des Jahrhunderts abgeschlossen. Aber lange noch hält er sich auf der einmal erreichten Höhe, erst im letzten Jahrzehnt seines Lebens glauben wir eine Abnahme der Künstlerkraft wahrnehmen zu können. Wagte er sich damals doch sogar in einen Wettkampf mit den französischen Illustratoren, die er bisher nur als Vorbilder betrachtet hatte, indem er es unternahm, die von Gravelot und Charles Eisen mit entzückenden Radierungen ausgestatteten Werke eines Voltaire und Rousseau von neuem zu illustrieren (Abb. 83, E. 208, 380, 438 und 535), wobei man freilich seinem Mut und seiner Selbständigkeit ein besseres Gelingen hätte wünschen mögen.

Abb. 99. Illustration zum Großbritannischen Genealogischen Kalender. Lauenburg. 1791 (E. 714.)

Abb. 100. Illustration zum Berliner Historisch-Genealogischen Kalender. 1793. E. 687.)

Abb. 101. Illustration zum Großbritannischen Genealog. Kalender. Lauenburg. 1794. E. 715.

Sternes „Empfindsamen Reisen" (E. 464), jenem ebenfalls klassisch zu nennenden Charakterroman des unter Thränen lachenden englischen Jean Paul.

Richardson machte in Deutschland Epoche; nachdem einmal das bürgerliche Kleinleben litteraturfähig geworden war, die einfachen Lebensverhältnisse der Bourgeoisie den Schriftstellern nicht mehr als quantité négligeable galten, wendete sich auch das Interesse der eleganten Gesellschaft dieser scheinbar neuentdeckten Welt zu. Namentlich erhielt der Humor im Schrifttum neue ergiebige Nahrung, der komische und der Reiseroman zählten von jetzt ab zu den beliebtesten Gattungen der Prosa-

Abb. 102. Friedrich der Große gibt den Auftrag, nach der Schlacht bei Sorr das Tedeum singen zu lassen. (E. 712. Illustration zum Historisch-Genealogischen Kalender. 1794.

dichtung. Chodowiecki hat auch dieser neuen Richtung mit vielem Erfolg seine Künstlerkraft geliehen. So geht er auf die derbe, oft sogar recht platte Komik von Müllers Siegfried von Lindenberg (Abb. 85, E. 480, 487—490), Hermes' litterarischen Märtyrern (Abb. 84, E. 610) und dem anonymen Roman Philipp von Freudenthal (Abb. 86 und 89, E. 390) ein, illustriert die satirische Lebensgeschichte des kleinen Cäsar, eines verhätschelten Bologneserhündchens, von Coventry (Abb. 90, E. 428—431) und weiß Vergils Äneis noch lustiger als der Jesuit Aloys Blumauer zu travestieren, indem er unter das Volk Trojas Berliner Straßen

Daniel Chodowiecki.

figuren, wie die Höferfrau und die Schorn steinfegerbuben mischt (Abb. 87, E. 611). Auch den Lustspielcharakter trifft er glücklich in dem zierlichen Format seiner Kleinkunst allzu plump und grimassenhaft erscheint (Abb. 78). Daß so bald nach den trüben

Abb. 103. Illustration zur Deutschen Monatsschrift. Leipzig. 1798. (E. 901.)

in Illustrationen zu Großmanns Schwänken (E. 395) und Bretzners „Eheprokurator" (E. 515), während der Falstaffhumor von Shakespeares König Heinrich IV. (E. 539)

Erlebnissen am Anfang der achtziger Jahre hatte er doch bald nach seiner Mutter auch seinen Bruder Gottfried verloren – sich die kindliche Heiterkeit seines Gemüts wieder einstellte, ist vielleicht auch den freudigen Familienereignissen zuzuschreiben, die seinem Heim neue fröhliche Genossen zuführten. Seine Tochter Jeanette verlobte sich mit dem Prediger Jacques Papin und wenige Monate später freite Jean Henry, ebenfalls ein Geistlicher aus Emigrantenkreisen, mit denen Chodowiecki stets in enger Verbindung blieb, um die zweite Tochter Susette. Der Tag freilich, der für die Hochzeit des letzteren Paars bestimmt war, sollte der Familie einen neuen schweren Schicksalsschlag bringen: im Frühling des Jahres 1785 hatte die Gattin des Meisters bereits zu kränkeln begonnen und erlag am 1. Juni ihrem Leiden. Nach dreißig Jahren glücklichen Zusammenlebens mußte sich Chodowiecki von seiner treuen Lebensgefährtin trennen, er, dessen Glück und Zufriedenheit so ganz im traulichen Familienverkehr wurzelte, sah sich mehr und mehr vereinsamen, denn auch seine beiden Töchter verließen nach ihrer Trauung Berlin, um ihren Gatten nach deren Wirkungsstätten zu folgen. Trotz trüben Stimmungen und körperlichen Leiden, die sich um diese Zeit bei ihm einstellen, sehen wir seine Zuversicht nicht wanken: „es

Abb. 104. Aufrichtige Teilnahme. (E. 713.)
Illustration zum Göttinger Taschenkalender. 1794.

gibt doch mehr Freuden als Leiden," schreibt er am 6. November 1785, „nur machen die Leiden den tieferen Eindruck." Das sicherste Mittel, sich des Trübsinns zu erwehren, blieb für den nie Rastenden die gleichmäßig fortgesetzte Thätigkeit in seinem Beruf, die ihm zum Grübeln keine Zeit ließ. Er, der selbst der Aufrichtung bedurfte, widmete in jenen Tagen seine Arbeit in hochherziger Weise der Nächstenliebe: als durch die Ueberschwemmung im Frühjahr 1785 zahlreiche Bewohner der Dammvorstadt von Frankfurt an der Oder brotlos geworden waren, bestimmte Chodowiecki den Erlös einer Radierung den durch die Überschwemmung Verunglückten. Bescheiden feierte er in diesem Blatt die größere Heldenthat des menschenfreundlichen Herzogs Leopold von Braunschweig, der bei seinen Rettungsversuchen in jenen Tagen der Not seinen Tod in den Fluten der Oder gefunden Abb. 92, E. 540. Nicht weniger als 1759 Thaler steuerte er damit zur Linderung des Elends bei. Auch auf die Darstellung einer, historisch übrigens unbeglaubigten, Scene zwischen Zieten und Friedrich dem Großen, der den greisen Reitergeneral nötigt, sitzen zu bleiben,

Abb. 105.
Illustration zu Gellerts Fabel: Der fromme General. E. 680. Kleiner Taschenkalender. Berlin. 1795.

Abb. 106.
Illustration zu Hagedorns Fabel: Der Fischer mit dem Schatz. (E. 680.) Kleiner Taschenkalender. Berlin. 1795.

Abb. 107. Titelkupfer zu Wiesingers Gedichten. Berlin. 1793. (E. 697.)

als dieser sich ehrerbietig vor seinem König erheben will (E. 565), eröffnete Chodowiecki, der das Bild der Witwe des eben verstorbenen Helden gewidmet hatte, eine Subskription. Mochten diese größeren Blätter, zu denen auch die Anekdote vom schlafenden Zieten (E. 948) zu zählen ist, immerhin einen reicheren materiellen Gewinn ergeben, der weniger gut bezahlten und ungleich mühsameren Kleinkunst der Illustration machten sie unseren Meister, der sich der Sonderart seines Talentes bewußt blieb, nicht abtrünnig. Wie viel mehr Anmut und Feinfühligkeit entfaltete er z. B. in den wenige Zoll großen Kupfern des kleinen Taschenkalenders für das Jahr 1785 (E. 513), die wieder selbständig erfundene Charaktertypen aus der Gesellschaft hinstellten, als in den großen Abbildungen zu A. Kleins „Leben und Bildnisse der großen Deutschen" (E. 436. 463. 179. 500. 534. 576), bei denen ihm überdies die Kostümfrage viel Unbequemlichkeiten schuf! Namentlich die heroische Stimmung altgermanischer Scenen vermag er nicht zu treffen, ähnlich wie ja auch Klopstock in

Häusliches Glück

Abb. 108. Häusliches Glück. (E. 788.) Illustration zu Karl Langs Almanach für 1796. Heilbronn.

seiner Hermannschlacht aus sentimentaler Lyrik sich selten zu leidenschaftlichem Schwunge zu erheben weiß. Das Gefühlsleben des achtzehnten Jahrhunderts stand diesen Dingen zu fern; man besaß damals überhaupt zu wenig historisches Anpassungsvermögen und Abstraktion, um in das Wesen älterer Geschichtsepochen tiefer eindringen zu können. Dafür liefern auch Chodowieckis zahlreiche Illustrationen zu Ermans Geschichte der französischen Refugiés, die ja nur in das Zeitalter des Großen Kurfürsten zurückgeht, offenkundigen Beweis. Trotz der hier besser gewahrten Kostümtreue stehen diese Schilderungen der edelmütigen Haltung Friedrich Wilhelms des Großen gegen die verfolgten Emigranten (Abb. 81, 82) kann auf einer wesentlich höheren Stufe, als die erwähnten Bilder aus dem Leben der Deutschen. Überall, wo die Naturanschauung ihm fehlt, wie z. B. in den vielen Illustrationen historischer Werke, die in der Folgezeit ihn beschäftigen, kommt Chodowiecki sehr selten aus konventioneller Befangenheit heraus. Auch mit dem wunderlichen Gemisch von französischer Romantik und antikisierender Sinnlichkeit, wie es in Wielands Idris zu Tage tritt, weiß Chodowiecki wenig anzufangen (E. 607 und 608). Die Naivetät dem Stoffe gegenüber entlockt dem modernen Beschauer ein ironisches Lächeln, während die Geziertheit

der Bewegungen ihn geradezu
abstößt.

Ungelenk und wenig selbständig
sind die biblischen Kompositionen,
wie die Heimsuchung und die Geburt
Christi, die er zu Lavaters
heute mit Recht völlig vergessenem
Messias entwarf (E. 465, 466,
484—486, 512, 528, 532).
Das vorige Jahrhundert hat den
überkommenen Typenvorrat religiöser
Stoffe durch eigene Erfindung
nicht vermehrt, es zehrt
vielmehr unbefangen von dem
Vorhandenen und die Kunstlehren
jener Zeit beschränkten sich darauf,
dem angehenden Künstler die Wahl
unter den Vorbildern zu erleichtern.
Um unserem Meister gerecht
zu werden, dürfen wir indes nur
seine Darstellungen etwa mit den
oberflächlichen und ganz unselbständigen
biblischen Historien des
Radierers Bernhard Rode vergleichen,
der als Direktor der Berliner
Akademie eine bedeutende Stellung
einnahm und viel gefeiert wurde.

Abb. 110. Der Geburtstag des Vaters. E. 852.
Illustration zu Karl Langs Almanach. Heilbronn. 1799.

Abb. 109. Geheuchelte Teilnahme.
Illustration zum Göttinger Taschenkalender. 1794.

War der Begriff geistigen Eigentums auf
künstlerischem Gebiet wenig scharf abgegrenzt
und Chodowiecki selbst fand in späteren Jahren
oft genug Gelegenheit, sich über Kopisten und
Fälscher zu beklagen —, so fehlte es auch in
der Litteratur und dem Buchhandel nicht an
unlauteren Elementen, die sich durch unrechtmäßigen
Nachdruck Vorteile zu verschaffen suchten.
Gegen diese richtet sich ein satirisches
Blatt, das Chodowiecki 1781 im Auftrage des
Berliner Buchhändlers Himburg radierte: ein
Buchhändler wird von Räubern, die ihre Beute
in einer finsteren Höhle bergen, bis aufs Hemde
ausgeplündert. Vergebens weist er auf die Gestalt
der Gerechtigkeit, die am Wege niedergesunken,
ihr Haupt verhüllt (Abb. 93, E. 394).
Seltsam wirkt dieser Appell an die Justiz freilich
bei einem Buchhändler wie Himburg, dessen
Name gerade durch seine Nachdrucke Goethes
wenig rühmlich auf die Nachwelt gekommen ist.

Das Jahr 1786 brachte Chodowiecki, dessen
Ansehen in der Berliner Kunstwelt in stetem

Abb. 111. Friedrich Wilhelm II. im Kreise seiner Familie. (E. 832.)

Wachsen blieb, trotz mancher hämischen Kritik, an der es auch nicht fehlte, neue Pflichten und Arbeiten. Der Minister von Heinitz, der als Kurator der königlichen Akademie der Künste sich große Verdienste um dieses lange vernachlässigte Institut erwarb, suchte eine durchgreifende Reorganisation der akademischen Zustände herbeizuführen. Zwar blieb Bernhard Rode Direktor der Anstalt, aber die Zahl der Rektoren wurde vermehrt, und Daniel Chodowiecki als erster unter diesen zum Sekretär der Akademie ernannt. Gleichzeitig wurden jährlich akademische Kunstausstellungen eingerichtet, die das Interesse an künstlerischen Dingen im Publikum beleben und wachhalten sollten. Auch eine Monatsschrift und öffentliche Sitzungen der Akademie wurden eingeführt. Chodowiecki lag besonders die Vorbereitung der Ausstellungen ob, deren erste am 18. Mai des Jahres 1786 in den Räumen des Akademiegebäudes eröffnet wurde; ihm war auch die Abfassung des Ausstellungskatalogs übertragen worden.

Damit war neues frisch pulsierendes Leben in die Kunstzustände der preußischen Hauptstadt gekommen, und als 1790 Friedrich Wilhelm II. das Protektorat der Akademie übernahm und neue Mittel zur Ver-

Abb. 112. Der Schauspieler de Vollange. E. 884.

Abb. 113. Der Schauspieler de Vollange. (E. 884a.)

fügung stellte, die es ermöglichten, den Lehrplan zu erweitern, wurde Chodowiecki, der sich mit gewohntem Eifer in den Dienst der guten Sache gestellt hatte, die Genugthuung zu teil, zum Vicedirektor ernannt zu werden. Obwohl er damit mannigfache zeitraubende Pflichten übernommen, ließ der Meister die Radiernadel nicht ruhen, und die zahllosen Illustrationen aus der zweiten Hälfte der achtziger

Abb. 114. Der Schauspieler de Vollange. (E. 884b.)

Jahre lassen kein Erschlaffen des mittlerweile gealterten Künstlers in Auffassung und Technik bemerken. Mit Recht durfte er den Preis für die Platte, auf der er die zwölf Kupfer zu Ifflands Jägern geätzt hatte (E. 559) von 200 auf 300 Thaler erhöhen, denn die völlige Gleichartigkeit der Begabung des Dichters und Illustrators ließ hier ein einheitliches Meisterwerk entstehen, das den Vergleich mit keiner der Arbeiten aus jüngeren Jahren zu scheuen braucht. Auch die Abbildungen zu dem französischen Roman Karoline von Lichtfield, die den Gothaischen Hofkalender des Jahres 1788 schmückten

Abb. 115. Illustration zu Langbeins Schwank: Der Bieresel. Dresden. 1792. E. 682.

(E. 569), zählen zu den technisch subtilsten und pikantesten Radierungen unseres Meisters. Leichtigkeit der Nadelführung und diskreten Ziergeschmack bewundern wir ebenfalls in der Einfassung des Blanketts, das bestimmt war, das Ernennungsdekret neuer Akademiemitglieder aufzunehmen (E. 563). Die kleine Titelvignette zu dem humoristischen Roman von Hermes „Zween literarische Märtyrer" (Abb. 84, E. 610, 3) zeugt von der Sorgfalt und Liebe, die Chodowiecki auch solchen Kleinigkeiten zuwandte, die ein anderer vielleicht als schlechtbezahlte Nebenarbeit oberflächlich abgethan hätte.

Abb. 116. Kleidermoden. 1798. E. 886.

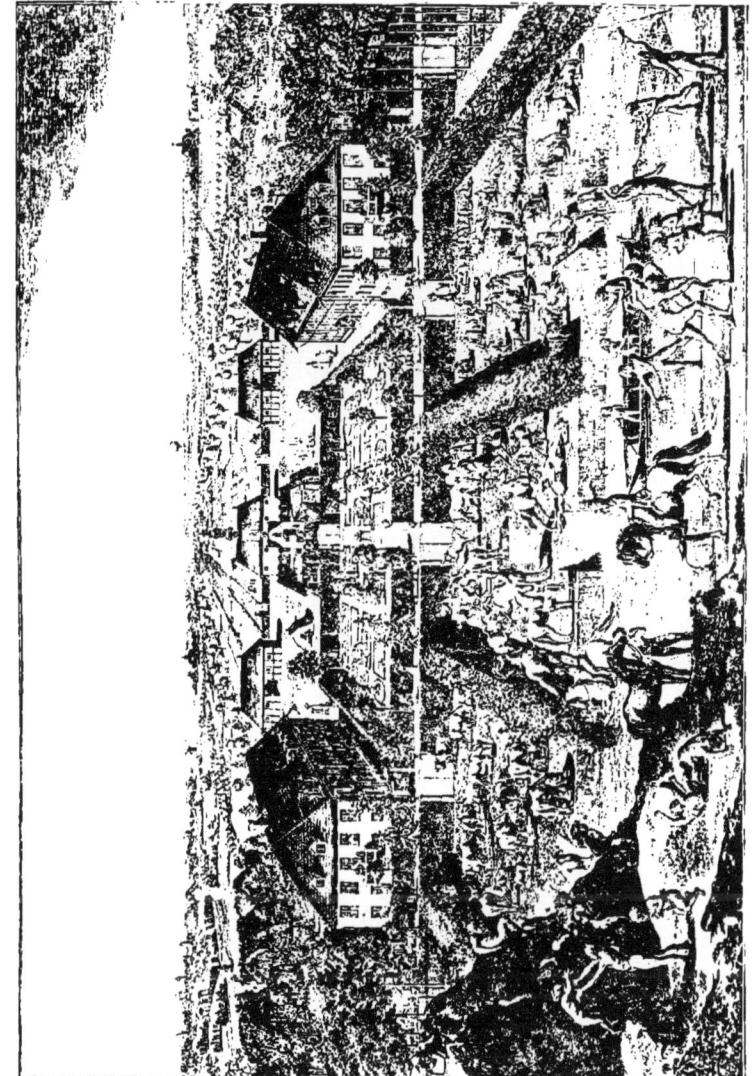

Abb. 117. Die Kolonie. (B. 664.) Illustration zu Ziegenhagens Verhältnislehre. Hamburg 1792.

Man kann vielmehr beobachten, daß in solchen Vignetten, die, unter der Inschrift des Titelblatts angebracht, den ganzen künstlerischen Schmuck eines Bandes bildeten, sich die Intimität seines Schaffens mehr konzentriert, als in den Serien von Kupfern, die er für Kalender und umfangreichere Werke stach. So würde man ungern das kleine, zierlich umrahmte Rundblatt: Leonorens Todesritt nach Bürgers bekannter Ballade (Abb. 95, E. 612) gegen die Folgen von historischen Anekdoten eintauschen, die Chodowiecki Ende der achtziger und im Verlauf der neunziger Jahre lebhaft beschäftigten, wie die Blätter zur Geschichte des holländischen Krieges (E. 602), die Anekdoten von Peter dem Großen (E. 613), die Darstellungen aus der neueren Geschichte (E. 614, 686, 689), die Illustrationen zur brandenburgischen Geschichte (Abb. 96, 97, 99, E. 687) und die Kupfer zur mittleren und neueren Geschichte (E. 688). Es ist bezeichnend, daß gerade bei diesen historischen Folgen (Abb. 100-103, E. 687) Chodowiecki zum erstenmal auf den Gedanken kam, auf dem Plattenrand mit der kalten Nadel sogenannte Randeinfälle

Abb. 118. Berlinsche neueste Moden. (E. 760.) Illustration zum Kalender. Berlin. 1796.

Abb. 119. Die Neujahrswunschverkäuferin. E. 946

anzubringen: kleine Figuren, Gruppen, Karikaturen, Köpfe, Landschaften, Tiere u. f. w., die nach den ersten Abzügen von der Platte wieder ausgeschliffen wurden. Seine von dem vorgeschriebenen Gegenstand nicht sonderlich angeregte Phantasie Randeinfälle auf Platten, deren Darstellung ihn ganz in Anspruch nahm. Dazu gehörten zweifellos die genannten Schilderungen historischer Ereignisse nicht. Selbst die vielbewunderten Anekdoten aus dem Leben Friedrich des Großen (E. 600)

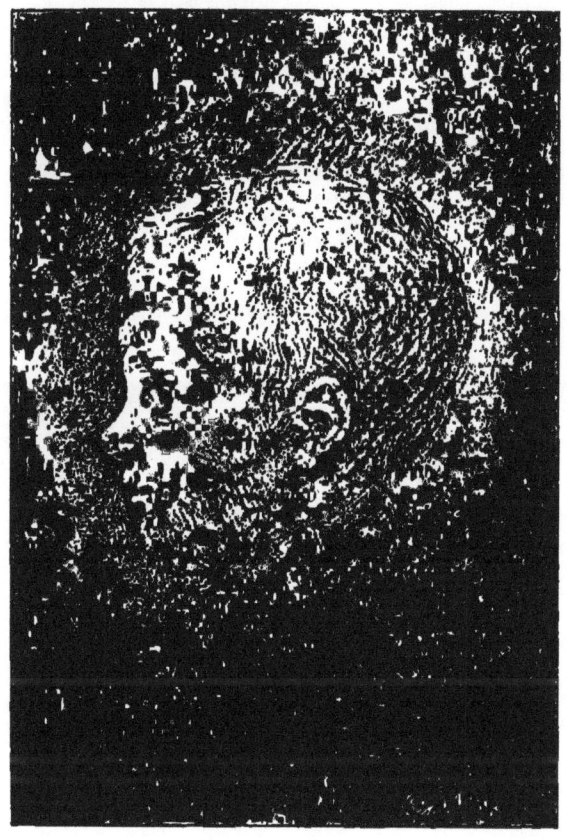

Abb. 120. Susette Chodowiecka. Rötelzeichnung im Besitz der Frau Dr. Ewald. Berlin.

scheint sich Luft zu machen in diesen willkürlichen Kritzeleien, die festhielten, was ihm gerade durch den Kopf schoß. Freilich waren seine Gründe später, als er einsah, daß Liebhaber für diese Abdrücke „mit den Randeinfällen" höhere Preise zahlten, wohl nicht immer ganz frei von kaufmännischer Überlegung; aber selten nur finden wir sind in der Erfindung ziemlich armselig, in der Technik auffallend trocken und spröde und müssen hinter anderen Werken seiner Radiernadel zurückstehen.

Die großen weltbewegenden Ereignisse, die sich um die Wende des achten und neunten Jahrzehnts in Frankreich vollzogen, die Schrecken der Revolution werden nur schwach reflektiert von der Kunst Chodowieckis: die beiden Kupfer des historisch genealogischen Almanachs von 1792, in denen er die Gefangennahme Ludwigs XVI. und die Annahme der Konstitution schildert (E. 692 und 693) begnügen sich damit, sentimentale Familienscenen aus dem Leben des recht einfältig dreinschauenden Königs zu geben, dessen philiströse Rentiersgestalt in lächerlichem Gegensatz steht zu den hochtönenden Phrasen, die die Textunterschrift ihm in den Mund legt. Auf seine Weise opponiert Chodowiecki gegen die „Freiheit und Gleichheit ohne Hosen" in einem harmlosen kleinen Blättchen, das eine lustige Berliner Straßenscene zeigt: ein Schornsteinfegerjunge mit Jakobinermütze erlaubt sich, ein Mädchen auf der Straße zu karessieren „und sind die Folgen der ohnebehosten Freiheit und Gleichheit" fügt er handschriftlich hinzu (E. 723).

Freilich wäre es unbillig, von dem still dahinlebenden Sechziger, der ganz mit den überkommenen Anschauungen der vorrevolutionären Zeit verwachsen war, eine tiefgehende Wandlung seines Wesens oder auch nur eine energische Stellungnahme zu den Ereignissen der gärenden Zeitgeschichte zu verlangen. Chodowieckis beschaulichem Wesen lagen politische Händel und Parteigezänk ohnehin fern: er selbst hat uns in der kleinen Radierung E. 696 das Gehirn eines Malers, wie er es sich vorstellte, geschildert: ein buntes Gewirr von Menschen- und Tierköpfen, über denen sich lustige Putten tummeln: da blickt neben den Charakterköpfen Friedrichs des Großen und Voltaires ein antik stilisierter Jünglingskopf hervor, Bauer, Mönch, Ritter, Prediger, Bauer, Jude, Eremit und Sibylle vertragen sich wohl oder übel mit ihren Nachbarn aus dem Tierreich,

Abb. 124. Die Enkel Chodowieckis. Aquarell im Besitz des Fräulein Maria Chodowiecka, Berlin.

Abb. 122. Clérhs Kinder. 1799. (E. 919.)

Eber, Löwe, Affe, Stier, Ziegenbock, Ente, Hahn und Puter. Es sind die Eindrücke, die die Einbildungskraft des Malers aus dem ihn umgebenden Leben erhalten, nicht aber Sinnbilder eigener Ideen, die Chodowiecki hier als Inhalt des Künstlerhirns hinstellt: ein aufrichtiges Bekenntnis seines Realismus, dem der Ritt ins romantische Land allzu beschwerlich und gefährlich schien. Trotzdem blieben ihm, wie wir sahen, nicht immer die Grenzen seiner Begabung bewußt; so beteiligte er sich 1791 an einem Wettbewerb für das Monument Friedrichs des Großen, den die Königliche Akademie ausgeschrieben hatte, mit einem gezeichneten Entwurf, dessen Verlust und Nichtausführung die Nachwelt kaum zu beklagen Grund haben dürfte. Daß er, wie wir aus gleichzeitigen Berichten wissen, den „Alten Fritz," den er in seiner gebrechlichen Leibeshülle so oft geschildert hatte, ohne daß je ein Beschauer darüber die geistige Größe des Heldenkönigs hätte vergessen können, für diesen „monumentalen" Zweck in ein antikes Idealgewand hüllte, mag noch hingehen, zumal die Auffassung der Zeit und die Akademie solche Mummerei forderte; daß er aber, um die unter Friedrichs Regiment „eingerissene" Aufklärung zu versinnlichen, dem Roß eine mit dem Bilde der Sonne verzierte Schabracke

Abb. 123. Soldatenschlägerei. 1791. (E. 750.) Nach einer Zeichnung des Professor Erman.

gab, kann man nicht ohne mitleidiges Lächeln vernehmen.

Wie fest stand unser Meister dagegen auf dem gesunden Boden seiner natürlichen Begabung, wenn er Gellert, Gleim, Hagedorn, Lichtwer und Pfeffel illustrierte (Abb. 105, 106, E. 680 und 711), wenn er die lustigen Schwänke Langbeins mit zierlichen Vignetten (Abb. 115, E. 682) schmückte, oder mit dem poetisierenden Amtsassessor Wiesiger aus Treuenbriezen verbunden, der Menschheit den Weg zur „liebenswürdigen Sittlichkeit und schuldlosen Freude" wies (Abb. 107, E. 697). Wie anheimelnd weiß er auch jetzt noch, wo es um ihn zu Hause einsam geworden war, die stillen Freuden des häuslichen Glücks zu schildern (Abb. 108, 110, E. 669, 670, 788, 851, 852), wie scharf Heuchelei von Aufrichtigkeit der Empfindungen zu trennen (Abb. 104, 109, E. 713)! Alles in seiner Umgebung interessierte ihn noch wie früher. Wenn Friedrich Wilhelm II. an der Spitze der Truppen zur Parade auszog, war er mit seinem Zeichenstift zur Stelle (E. 648),

Abb. 121. Illustration zum Lauenburger Genealogischen Kalender. 1780. E. 306.

auch daheim im Kreise der zahlreichen Familie zeichnete er den König (Abb. 111, E. 832).

Ein französischer Schauspieler Mr. de Vollange, der gleichzeitig als Guitarrenspieler sich hervorthat, muß wohl damals eine besondere Beliebtheit in Berlin genossen haben. Sehr hübsch glossieren die drei Zustände einer Platte, auf der Chodowiecki den Vielbewunderten darstellte (Abb. 112—114, E. 884), die Persönlichkeit und ihren Eindruck. Der erste Zustand der Platte zeigt Vollange allein in ländlicher Einsamkeit, einen elegischen Gesang mit Guitarrenakkorden begleitend; im zweiten Zustand fügte der Künstler drei am Waldessaum lauschende ätherische Schwärmerinnen hinzu, die sicherlich den Schauspieler vergöttern, während auf dem dritten sich als neuer Zuhörer ein nüchterner Kritikus dazufindet, dessen etwas breitspurige, durchaus nicht respektvolle Haltung auf wenig Sympathie mit dem angebeteten Künstler schließen läßt.

Die Aufklärung, die sich vergebens abmühte, den Aberglauben zu bekämpfen, unterstützte

Daniel Chodowiecki.

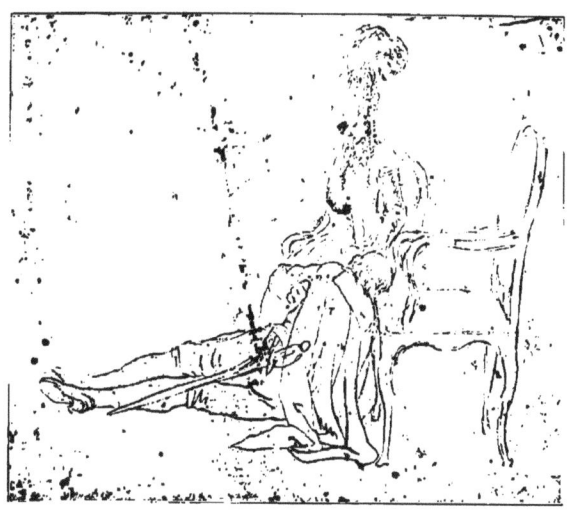

Abb. 125. Entwurf zu einer Scene aus Shakespeares Hamlet.
Federzeichnung im Besitz der Frau Dr. Ewald. Berlin.

er mit satirischen Kalenderblättern (E. 634 bis 637) und wenn es galt, philanthropischen Unternehmungen und populärphilosophischen Bestrebungen künstlerisch das Wort zu reden, war er gern bereit, seine Radiernadel in den Dienst der Sache zu stellen, obwohl manchmal der Stoff recht trocken und widerspenstig war: so z. B. in Ziegenhagens Verhältnislehre, deren Theorie von allgemeiner Menschenbeglückung durch lehrhafte Einführung in die Werke der Schöpfung schließlich nur Stoff ab

Abb. 126.
Entwurf zu einer Scene aus Cervantes' Don Quixote.
Federzeichnung im Besitz des Direktor Wichern. Altona.

gab für einige lustige Genrebilder, neben denen die Darstellung einer idealen Kolonie (Abb. 117, E. 654) durch ihre pedantische Regelmäßigkeit der Anlage und die Fülle unzusammenhängender Einzelheiten ein recht charakteristisches Abbild gibt von der Nüchternheit der von Ziegenhagen verfochtenen Ideen. Besser sind die Interieurs geraten, die Handwerker und Gelehrte bei ihrer Arbeit schildern. Hier ließ den Künstler seine Beobachtungsgabe nicht im Stich, das waren Scenen aus dem Leben, wie er es

6*

erlebt, nicht wie er es erträumte. Immer
wieder sehen wir ihn auch in diesen Jahren
zurückkehren zu der Aufgabe, die ihm wie
keine andere am Herzen lag: alles, was ihn
umgab, mit treuem Griffel festzuhalten und
damit Urkunden zu liefern, die das Leben
und Treiben in der preußischen Hauptstadt
gab (E. 749: Berliner Folgsamkeit). So
reizen ihn die Straßenfiguren in der neuen
Modetracht (Abb. 116, 118, E. 760 u.
886), die jetzt Frack und Cylinder aus
England importierte. Den unverfälschten
Geist des alten Spreeathen atmet auch
die Neujahrswunschverkäuferin aus dem

Abb. 127. Entwurf zu der Radierung E. 176. Rötelzeichnung im Besitz der Frau Dr. Ewald. Berlin.

am Ende des achtzehnten Jahrhunderts der
Nachwelt mit unmittelbarer, überzeugender Lebenswahrheit vor Augen führen. So
bespöttelt er 1794 mit echt berlinischem Witz
in sechs Kupfern eine Polizeivorschrift, nach
der ein jeder in den Straßen der Stadt
seinen Hund an der Leine zu führen
habe, und schildert uns die lustigen Scenen,
zu denen diese neue Maßregel Veranlassung

Jahre 1800, um deren unter einer Straßen-
laterne errichtete Auslage sich alt und
jung mit neugierig-kritischen Blicken drängt,
während sie mit echt berlinischer Zungen-
geläufigkeit ihre Schätze anpreist (Abb. 119,
E. 946). Das Blatt ist nur in einfacher Umrißzeichnung ausgeführt und offenbar auf Illuminieren mit Wasserfarben be-
rechnet, ähnlich den später viel verbreiteten

Abb. 128.
Lotte, dem Bedienten Werthers die
Pistolen reichend. Rötelstudie im Besitz
der Frau Dr. Ewald in Berlin.

lade von vier Männern in Reise-
tracht der Maler Krüger, Wilhelm Chodowiecki, dessen Schwager
Prediger Pavin und den Meister
selbst - über die Landstraße da-
hintrotten (E. 793). Chodowiecki
konnte offenbar auch hier der Lust
nicht widerstehen, während des
Reitens den Griffel zu führen.
Hatte ihm doch einmal solches
Wagnis den Verlust einiger Zähne
eingetragen, als er, um die Hände
zum Zeichnen frei zu haben, die
Zügel mit den Zähnen festhielt,
und das Pferd stolpernd seinen
Reiter abwarf.

Die Freuden des genügsamen
Alters im Schoß der Familie bildeten auch in den letzten Jahren

Berliner Straßenscenen von Hose-
mann und anderen.

Unter den Bildnissen, die Chodo-
wiecki im letzten Jahrzehnt seines
Lebens radierte, sind die zierlichen
Brustbilder des Malers Graff und des
Hofraths Wilhelm Becker (E. 742),
sowie das Porträt des Geheimrats
Höpfner (E. 784) die bestgelungenen.
Eine Episode seiner Reise nach Dres-
den vergegenwärtigt eine Radierung
aus dem Jahre 1795, die nach der
Ansicht einzelner Kenner von seinem
Sohne Wilhelm herrühren soll, der
nur eine Zeichnung des Vaters dazu
benützte. Da sehen wir eine Kaval-

Abb. 129.
Herbstfreuden. Entwurf zu der Radierung E. 472.
Federzeichnung im Besitz des Direktor Wichern in Altona.

seiner Thätigkeit ein Lieblingsthema Chodowieckis, das er mit unverwüstlicher Frische immer wieder und wieder behandelt. So in Langs Almanach für häusliche und gesellschaftliche Freuden von 1797 (E. 789—792) und 1798 (E. 817 bis 850). Er läßt dabei gewissermaßen alle schönen und schweren Tage seines eigenen Lebens in der Erinnerung an seinem Auge vorüberziehen. Daß ihm in solcher beschaulichen Stimmung Vossens Familienidyll Luise willkommenen Stoff zur Illustration (E. 838 bis 812) bot, ist nur zu begreiflich.

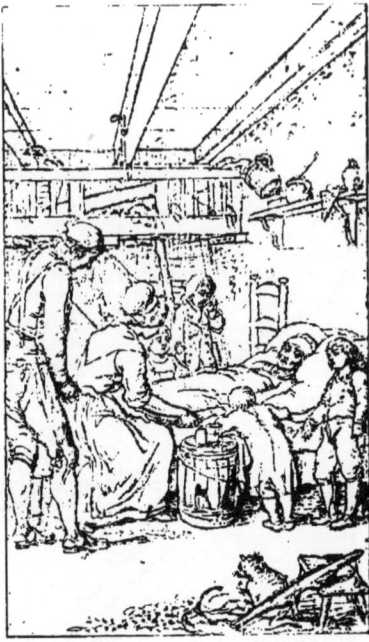

Abb. 130. Entwurf zu der Radierung. Federzeichnung im Besitz der Frau Dr. Ewald. Berlin. (E. 447.)

Der wackere Eutiner Schulmeister konnte sich keinen besseren Interpreten für seine behaglichen Familienbilder aus dem Pfarrhause wünschen, ebenso wie Goethes bürgerliches Epos Hermann und Dorothea (E. 877 u. 878) in wirklich kongenialer Weise von unserem Meister illustriert wurde. Auch Richardsons Clarissa, die inzwischen von Kosegarten in nicht weniger als acht Bänden ins Deutsche übersetzt war, beschäftigte Chodowiecki von neuem. Dreiundzwanzig Kupfer lieferte er zu dieser Übersetzung, die 1796 in Leipzig

Abb. 131. Entwurf zu einer Radierung aus der Folge. Lavierte Federzeichnung im Besitz der Frau Dr. Ewald. Berlin. E. 306.

Abb. 132. Entwurf zu einer Radierung aus der Folge. Lavierte Federzeichnung im Besitz der Frau Dr. Ewald. Berlin. E. 306.)

Abb. 133. Das Scharmützel. (E. 79.)

erschien (E. 797—820). Das bürgerliche Milieu blieb nach wie vor die Domäne seiner Kunst, wie auch die zierlichen Illustrationen zu Ungers Roman Julchen Grünthal (E. 853—856) aufs deutlichste darthun. Hier durfte er nur sein eigenstes Wesen, seine Herzensgüte, sein Kindergemüt sprechen lassen, um von allen verstanden und bewundert zu werden. Wie herzlich konnte er sich an den ausgelassenen Spielen seiner Enkel erfreuen, die er 1789 in einem liebenswürdigen Bilde verewigte (Abb. 121) und, wenn er in den sauber gepflegten Garten seines Hauses in der Behrenstraße hinabstieg, saßen die Kinder seiner Hausgenossin, der Witwe des französischen Kammerdieners Cléry, auf der Bank unter der Linde und mochten kaum ahnen, daß sie dem freundlichen alten Herrn mit dem Kindergesicht als Modell dienten für eine Radierung, die zu den besten seiner letzten Zeit zählt (Abb. 122,

E. 919): die älteste Tochter Clérys, der als Kammerdiener König Ludwig XVI. die Schrecken der Revolution aus nächster Nähe mit erlebt hatte, schneidet den Brüdern, stämmigen Burschen, die mit ungeduldiger Neugier zuschauen, Weidengerten, angethan mit der koketten Dormeuse und dem hochgegürteten Empirekleid, das mittlerweile auch seinen Einzug in die Auslagen der Berliner Modegeschäfte gehalten hatte. Wie oft mag der gute Alte an diesem traulichen Plätzchen die Nachmittagsstunden verplaudert haben mit den kleinen Franzosen, die ihm den Anblick seiner fernen Enkel ersetzen mußten.

Doch auch die Sorgen und Beschwerden des Alters blieben nicht aus. Schon 1790 hatte er viel unter Anschwellung der Beine zu leiden, aber er suchte die Schmerzen durch rastloses Arbeiten zu betäuben und ließ sich sogar einen Tisch herstellen, an dem er vom Bett aus zeichnen konnte. Im Jahre 1793 klagt er seinem

Abb. 131.
Titelkupfer zu Gräters Bragur. Leipzig 1796. (E. 833)

Abb. 135. Porträt Chodowieckis. Ölbild von Frisch im Besitz der Frau Dr. Ewald, Berlin.

Abb. 136. Federballspiel. Ölbild im Besitz der Frau Cäcilie Rosenberger. Kösen

kommt von des Morgens bis in die Nacht, denn wenn ich vom Tisch auf steh, so nehme ich allemal ein Stück Roggenbrod mit und das Eß ich gegen ein Uhr zu Mittag wenn das Essen nicht zeitig genug auf dem Tisch ist und um 1 Uhr in der Nacht wenn ich aufhöre zu arbeiten (oder bey der Arbeit) mit dem größten Appetit von der Welt und nachher gehe ich mit eben dem Appetit zum schlafen zu Bett und denke offt dabey daß ich eben so freudig ins Grab gehen werde wenn Gott

Abb. 137. Figurenstudie.
Rötelzeichnung im Besitz der Frau Dr. Ewald, Berlin.

Abb. 138.
Studie zu der Radierung. Tuschzeichnung im Besitz des Direktor Wichern, Altona. (E. 252.)

Freunde Graff: „da sitze ich nun unter den Händen eines Wundarztes und habe ein Bein rundum vom Fußgelenk bis an die Wade voller Löcher und singe das Hallesche Studentenlied: Ich bin ein armer Teufel, ich kann nicht mehr marschieren u. s. w., aber vom Kopf bis an die Knie gehts ganz gut"; aber noch drei Jahre vor seinem Tode hören wir ihn ganz wohlgemut über seinen Gesundheitszustand sich äußern: „Jetzt geht alles wieder gut, bis auf ein krankes Bein befind ich mich sehr wohl, mit dem besten Appetit esse ich alles was mir vor mich abrufen wird, und in 5 Minuten schlaf ich ein, binde einen Faden an meinen Wecker an der Uhr (denn mein Bette steht gerade vor ihr) um meinen Daumen und um 7 Uhr bin ich wieder da, und mit dem Tage an die Arbeit, da kommen den oft angenehme, uninteressante, auch unangenehme Besuche, die mich die kurzen Tage noch kürzer machen, aber ich habe Geduld mit allen und hole des Abends wieder ein was sie mich bey Tage versäumt haben."

Nach dem Tode Bernhard Rodes wurde 1797 Chodowiecki zum Direktor der Kunstakademie gewählt, obwohl er sich nicht, wie Gottfried Schadow, der Maler Darbes und der Archäologe Hirt um diese Stelle beworben hatte. Neue Repräsentationspflichten

Abb. 110. Figurenstudie.
Bleistiftzeichnung im Besitz des Direktor Wichern. Altona.

Abb. 139. Figurenstudie.
Bleistiftstudie im Besitz der Frau Dr. Ewald. Berlin.

und Amtsgeschäfte wurden damit auf seine Schultern gewälzt, aber mit rüstiger Energie ging er an die Aufgabe, wenngleich er mit vielen Einrichtungen der Anstalt sich nie ganz einverstanden erklären konnte. Im Jahre nach seiner Ernennung zum Direktor wurde ihm von der Kunstakademie in Siena das Diplom eines accademico associato libero zugestellt. All diese Ehren und Anerkennungen vermochten seine Bescheidenheit nicht zu alterieren, leider auch nicht den Schwund der Kräfte aufzuhalten, der sich mehr und mehr geltend machte. Im Februar 1800 erlitt er einen leichten Schlaganfall in der Akademie und ein Jahr darauf, am 27. Februar 1801 schloß er für immer seine Augen.

* * *

Wenn wir das künstlerische Lebenswerk Chodowieckis überblicken, erregt zunächst die erstaunliche Fruchtbarkeit des Meisters unsere Bewunderung. Seine Radierungen Engelmanns Verzeichnis zählt 2075 Darstellungen auf, die von ihm, und zwar fast durchweg nach eigener Erfindung, radiert sind. Dazu kommen die zahllosen

Abb. 141. Fräulein Gralath, die Kirche betretend.
Federzeichnung aus dem Tagebuch der Danziger Reise. 1773. Berlin. Königl. Akademie.

allein füllen im königlichen Kupferstichkabinett zu Berlin, das allerdings wohl das vollständigste Chodowieckiwerk von allen öffentlichen Sammlungen besitzt, nicht weniger als zweiunddreißig große Foliomappen: Zeichnungen in öffentlichem und privatem Besitz, die Ölbilder, Miniaturmalereien und Emails seiner Hand. Nur rastlose Emsigkeit, nimmermüder Fleiß kann uns dafür die Erklärung geben. In der That hat die Welt wohl selten einen arbeitsameren Künstler gesehen; oft opferte er den Schlaf der Arbeit oder ruhte doch nur wenige Stunden in seinen Kleidern während der Nacht, um am frühen Morgen seine Thä Unfalls. Freilich wäre es ihm trotz solcher Ausdauer nicht möglich gewesen, alle die Aufträge auszuführen, die ihm zu teil wurden — so hat er z. B. im Jahre 1780 allein 145 Kupfer radiert — hätte er nicht

Abb. 112. Figurenstudien aus einer Danziger Kirche.
Federzeichnung aus dem Tagebuch der Danziger Reise. 1773. Berlin. Königl. Akademie.

tigkeit wieder aufzunehmen. So schreibt der nahezu Siebzigjährige 1794 an den Hofrat Becker: „Ich saß vorgestern zwischen Eins und Zwey und zeichnete, schlief ein, und viel Seitlings vom Stuhle zur Erden;" eine dem Briefe beigefügte launige Zeichnung erläutert die besonderen Umstände des über eine absolute technische Sicherheit verfügt. Von der Schnelligkeit seines Arbeitens gab er einmal einen schlagenden Beweis: man saß bei seinem Hausgenossen und Freunde Professor Erman in lustiger Unterhaltung beisammen, als dieser eine kleine von ihm selbst gefertigte Skizze einer

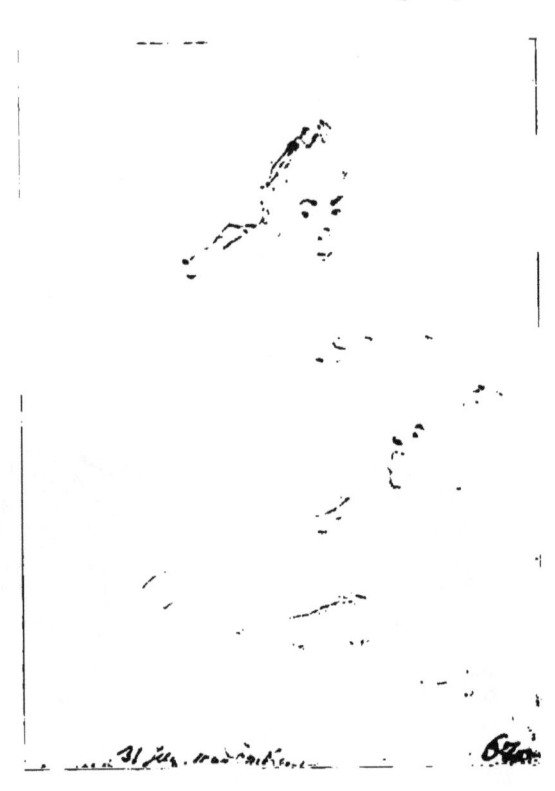

Abb. 113. Porträtskizze der Frau Lehmichen.
Bleistiftzeichnung aus dem Tagebuch der Danziger Reise. 1773. Berlin. Königl. Akademie.

Soldatenschlägerei in der Behrenstraße hervorholte. Chodowiecki nahm das Blatt, verschwand damit, um nach wenigen Minuten den verblüfften Freunden die mit der kalten Nadel gestochene Platte und einige Abdrücke derselben auf Papier vorzulegen (Abb. 123, E. 750; die kleinen Straßenfigürchen am unteren Teil der Platte, sowie die Inschrift sind erst später hinzugefügt) Und doch ging unser Meister bei der Vorbereitung und Ausführung seiner Radierungen gemeinhin sehr sorgsam zu Werke. Zunächst wurde die Darstellung mit leichten, aber sicheren Bleistift oder Federstrichen auf Papier skizziert (Abb. 125 bis 132), gewissenhaft auch die perspektivischen Hilfslinien, insbesondere bei Interieurs, gezogen (Abb. 129, 130), mit Rotstift und Tusche sodann noch einzelne Drucker hineingesetzt, und die Schattenpartien ausgeführt; und erst, nachdem der Zeichner sich so von der bildmäßigen Wirkung der Komposition überzeugt, wobei er nicht selten verfehlte Stellen überklebte und neu ausführte (Abb. 131, 132), wurde die Zeichnung auf den mit Ruß geschwärzten Ätzgrund der Kupferplatte gepauft. Nun begann die eigentliche Thätigkeit des Radierens, indem der Künstler mit der Radiernadel die gepauften Linien in den Ätzgrund

Daniel Chodowiecki.

(eine zusammengeschmolzene Masse von Wachs, Harz und Asphalt, die mit einem Tampon auf der Kupferplatte verteilt war) einritzte. Die so freigelegten Stellen des Kupfers wurden durch ein wiederholtes Bad in Scheidewasser tief geätzt, und damit war schließlich die Platte, an der man überdies noch Retonchen mit der Schneidenadel anbringen konnte, für den Abdruck vorbereitet. Mit Druckerschwärze eingerieben und sorgfältig gewischt, so daß die Schwärze nur in den Vertiefungen der gezeichneten Striche haften blieb, kam sie darauf in die Kupferdruckpresse, von der Papierdrucke in beliebiger Zahl — bis zu dreitausend Exemplaren — abgezogen werden konnten. Dieses umständliche und öfterem Mißraten ausgesetzte Verfahren besorgte Chodowiecki in späteren Jahren, als er sich eine eigene Presse im Hause hielt, vielfach selbst mit einem Druckergehilfen. Größere Folgen von Illustrationskupfern pflegte er auf eine Platte zu bringen, und erst das Papierexemplar wurde zur Verwendung in den Büchern in seine einzelnen Teile zerschnitten. Mit veränderte er nach den ersten Abzügen den sogenannten Ät oder Probedrucken noch die Arbeit auf der Platte, um Einzelheiten schärfer herauszuheben und durchzuarbeiten. Von einigen dieser Ätzdrucke finden sich Exemplare, welche noch die Bleistiftkorrekturen seiner Hand zeigen, die bei späteren Abdrucksgattungen berücksichtigt sind.

Abb. 111. Lesendes Mädchen. Rötelstudie im Besitz der Frau Dr. Ewald. Berlin.

Abb. 115. Stickende Mädchen.
Bleistiftstudie im Besitz der Frau Dr. Ewald, Berlin.

Abb. 146. Sitzendes Mädchen.
Bleistiftstudie im Besitz der Frau Dr. Ewald, Berlin.

Begreiflicherweise nutzt sich die Kupferplatte bei starker Inanspruchnahme schnell ab, und die ersten Abzüge, die der Sammler an den fehlenden Zusätzen und Retouchen leicht erkennt, sind die frischesten und klarsten im Druck. Die Kalender- und Almanachverleger sahen sich daher bei der großen Auflage oft genötigt, die schon stark mitgenommenen Platten neu aufzuätzen und zu retouchieren, wodurch die späteren Abdrücke an Zartheit natürlich Einbuße erlitten. Alle diese Verschiedenheiten alterieren den Wert der einzelnen Abdrucksgattungen, und Chodowiecki, dessen Betriebsamkeit geschäftliche Vorteile sich ungern entgehen ließ, versäumte nicht, recht zahlreiche Plattenzustände (Etats) herzustellen, da deren vollzähliger Besitz früh schon zu den Liebhabercapricen der Sammlerwelt gehörte. Auch die Randeinfälle, jene bereits oben erwähnten, flüchtig mit der Schneidenadel in den Plattenrand eingeritzten kleinen Darstellungen (Abb. 133), dienen als Merkzeichen früherer Zustände, und häufig machten sich Fälscher diesen Umstand zu nutze, indem sie ausgedruckte Platten auch später noch mit solchen Einfällen versahen, die natürlich ein geübtes Kennerauge nur selten täuschen werden.

Abb. 147. Alte Frau.
Rötelstudie im Besitz der Frau Dr. Ewald, Berlin.

Abb. 118.
Stehendes Mädchen. Rötelstudie
im Besitz der Frau Dr. Ewald. Berlin.

manier, eine dichte Hintergrundschraffierung gibt den Gestalten kräftigeres Relief. Diese zweite Entwickelungsstufe seiner Radiertechnik wird vielleicht am besten in dem Porträt der Prinzessin Friederike Sophie Wilhelmine von Preußen (E. 45 und den Kupfern zu Lessings Minna von Barnhelm (E. 51) erkannt. Den vollen Reiz solcher Subtilität offenbaren freilich nur ganz frische Abdrücke der genannten Blätter. Mit der Beherrschung der Mittel wächst dann die Neigung, der Schwarzweißkunst reichere malerische Effekte abzuzwingen. Ein Beispiel dafür bildet die Folge von zwölf Illustrationen zu Geßners Idyllen (Abb. 32, E. 69), während in den neunziger Jahren die Absicht, durch möglichst scharfe Kontraste von Licht und Schatten zu wirken, sowie die Sorglosigkeit der Durchführung und Abtönung nicht selten störend wirkt (Abb. 133). Es wäre indessen verkehrt, anzunehmen, daß sich die eben angedeutete Entwickelung mit durchaus gesetzmäßiger Folgerichtigkeit vollzieht. Wir müssen auch hier unterscheiden zwischen den Arbeiten, denen der

Chodowieckis Radiertechnik hat mannigfache Wandlungen durchgemacht: anfangs verraten die mageren und locker gefügten Strichlagen noch Unsicherheit in der Handhabung des ungewohnten Ausdrucksmittels (Abb. 25—27). Der Maßstab der Figuren ist größer gewählt, die Lichtführung und Wiedergabe stofflicher Besonderheiten bereitet dem Anfänger offenbare Schwierigkeit. Allmählich sehen wir, wie der Vortrag immer zierlicher wird, wie das Auge sich für die Feinheiten der im kleinsten Maßstabe gehaltenen Details schärft. Für die Köpfe und die Fleischpartien wählt der Künstler jetzt die weiche Punktier-

Abb. 149. Lesende Dame.
Rötelstudie im Besitz der Frau Dr. Ewald. Berlin.

Abb. 150. Sitzendes Mädchen.
Rötelstudie im Besitz der Frau Dr. Ewald, Berlin.

Künstler von vornherein Enthusiasmus und Liebe entgegenbrachte, und solchen, von denen er selbst sagte: „Ich mache, was man mir in Auftrag gibt, und lasse die anderen reden."

Besonderes Interesse verdient auch ein Versuch in Schabkunst, der zu den früheren und sehr seltenen Arbeiten des Meisters gehört (E. 20). Hier wurde die Kupferplatte mit dem Granierstahl aufgerauht und dann mit dem Schabeisen die Stellen, die im Abdruck hell erscheinen sollen, ausgeglättet, so daß sie keine Schwärze annehmen. Trotzdem dieser Versuch ganz gut gelang, hat Chodowiecki später fast niemals wieder diese Technik angewandt, und wir hören aus seinem Danziger Reisejournal, wie er sich bei dem Kupferstecher Deisch über die Einzelheiten dieses Verfahrens

Abb. 151. Figurenstudie. Rötelzeichnung im Besitz der Frau Dr. Ewald, Berlin.

freilich vergebens näher zu informieren versuchte.

Wir verweilten länger bei diesen halb technischen, halb kunsthändlerischen Dingen, weil Chodowieckis Radierungen recht eigentlich ein Objekt der Sammelleidenschaft sind. Der eingefleischte Kupferstichliebhaber, der abends die Mappen und Portefeuilles mit den Blättern des Meisters hervorholt und nun mit eifersüchtigem Behagen die verschiedenen Etats einer Folge von Radierungen durchstöbert, seine Beobachtungen auf dem Untersatzbogen notiert und mit Stolz jeden neuen Fund in sein Exemplar des Verzeichnisses von Engelmann einträgt, — er wird geringschätzig herabblicken auf diejenigen, die nur oberflächlich die Chodowieckimappen durchblättern und lediglich ihr Auge an der künstlerischen Vollendung einzelner Blätter weiden. Und

Abb. 152. Figurenstudie zum Schließer des Calas. Bleistiftzeichnung im Besitz des Direktor Wichern. Altona.

Abb. 153. Studie zum Schließer des Calas. Bleistiftzeichnung im Besitz der Frau Geheimrat Rosenberger. Köfen.

Abb. 154. Aktstudie. Rötelzeichnung im Besitz der Frau Dr. Ewald, Berlin.

Abb. 155. Aktstudie. Rötelzeichnung im Besitz der Frau Dr. Ewald, Berlin.

jene beschauliche Sammler
stimmung, jene eindringliche
Betrachtung ist just die rechte
zum Genuß der beschaulichen
Kleinkunst unseres Meisters.
Sie ist auch keine müßige
Spielerei, da sie den Feinblick
schärft für das geheime Trieb-
werk künstlerischen Schaffens,
das Auge empfindlich macht
für Qualitätsunterschiede, die
bei allen Schöpfungen der
subtilen graphischen Kunst eine
wichtige Rolle spielen.

Doch Chodowiecki gehört
nicht dem Sammler allein.
Was er uns von seiner Zeit
erzählt, und wie er es erzählt, wird jeden, der rück-
schauender Kunstbetrachtung
überhaupt fähig ist, lebhaft
fesseln. Zwischen den Schaf-

Abb. 157.
Figurenstudie. Rötelzeichnung im
Besitz der Frau Dr. Ewald. Berlin.

Abb. 156. Die Herzogin von Angoulême.
Bleistift- und Kreidestudie im Besitz des Direktor Wichern. Altona.

fenden und den Genießenden
hat sich ein Jahrhundert ge-
schoben, das zwar unser un-
mittelbares Interesse an den
geschilderten Vorgängen und
Zuständen etwas erkalten ließ,
aber auf der anderen Seite
auch unsere Neugier rege
macht, wenn wir einen naiven
und ehrlichen Zeugen der
alten Zeit vernehmen. In das
vorige Jahrhundert spinnen
sich vielfach noch familiäre
Erinnerungen hinüber, der
Hausrat unserer Urgroßeltern,
die Porträts aus ihren Tagen
strömen noch immer persön-
lichen Hauch aus, unsere Pietät
redet diesen Dingen gegenüber lauter, als etwa vor

Abb. 158. Ecce homo. E. 216.
Email im Besitz des Geheimrat E. du Bois-Reymond. Berlin.

den Schöpfungen der Renaissance und des Mittelalters. Und wie wird das alles wieder lebendig in der Kunst Chodowieckis! Die friedliche Sonntagsstimmung unserer Altvordern umfängt uns, jene ruhige Zufriedenheit, die in den nüchternen und doch so anheimelnden Stuben des damaligen Kleinbürgertums nistet. Alles ist hier auf einen Ton gestimmt, die ruhigen Linien und kahlen Flächen der Wände, der unscheinbare, aber gediegene Hausrat, die saubere und wohlanständige Tracht der Bewohner, ihr behäbiges und zugleich graziöses Gebaren; wir atmen mit dem Münster die Luft jener Tage, freuen uns an der patriarchalischen Einfalt und Unverdorbenheit bürgerlicher Sitten, la cheta mit ihm über die mattherzige Empfindelei und alberne Aufgeblasenheit der ele-

ganten Welt, über die Schrullen der Sonderlinge, die in unserer nivellierenden Zeit mehr und mehr von der Bildfläche verschwinden. Er versteht es, wie kaum ein zweiter, munteres Behagen um die dargestellten Dinge zu breiten, das sich dem Beschauer unwillkürlich mitteilt. Die Bonhomie, die überall aus seinen Schilderungen hervorblickt, erwärmt uns für den Schaffenden wie für das Geschaffene, die Lebendigkeit und Frische des Vortrags bewirkt, daß wir uns mit ihm hineinversetzen in den bunten Jahrmarkt des Lebens, wie er sich auf dem Berliner Pflaster des vorigen Jahrhunderts abspielte.

Mitteilsamkeit bis zur Geschwätzigkeit war ein Herzensbedürfnis seiner Zeit: „Unmitgeteilte Lust muß Überdruß erwecken" heißt es in einem Gedichte Geßners.

Abb. 159. Christus vor Kaiphas.
Email im Besitz des Geheimrat E. du Bois-Reymond. Berlin.

Daß aber Chodowieckis Redseligkeit fast niemals langweilig wird, ist ein deutlicher Beweis starker Künstlerkraft. Freilich, seine Kunst stellt dem Forscher keine tiefen Probleme. Sie bedeutet keinen epochemachenden Umschwung der Entwicklung, wie die eines Michelangelo oder Rembrandt; und dennoch ringt auch in seinen Schöpfungen etwas Neues nach Ausdruck, das sie in natürlichen, kaum geahnten Gegensatz zur Überlieferung und Umgebung bringt: der instinktive Realismus.

Nicht in leidenschaftlichem Kampf, in wildem Aufbäumen gegen alles Überkommene, wie sie der Litteratur der Sturm und Drangperiode das Gepräge verliehen, entwickelt sich seine Selbständigkeit: sie war von Anbeginn in ihm vorhanden als Naturanlage, die langsam, wie eine wohlgepflegte Pflanze, wuchs, sie bestand in jener, sein ganzes Wesen am besten kennzeichnenden kindlichen Naivetät. Sie zu besitzen und bewahren, war in unserem Vaterlande zu seiner Zeit kein Leichtes. Das ganze

Abb. 160. Anbetung der Hirten. Illustration zu Lavaters Messias. Winterthur 1783. (E. 166.)

Abb. 161. Titelkupfer zu den Memoiren des Grafen Grammont. Leipzig 1780. (E. 367.)

den Krieg gegen die Unnatur der Rokokomalerei begonnen. Im Jahre 1761 schreibt er von Boucher: „Cet homme a tout, excepté la verité," und fügt 1765 hinzu: „J'ose dire, qu'il n'a jamais connu la verité. Je vous défie de trouver dans toute une campagne un brin d'herbe de ses paysages." Das neue Schlagwort „la verité" konnte nirgends ein kräftigeres Echo wecken, als bei Chodowiecki. Wir haben oben (S. 15) aus seinen Selbstbekenntnissen eine Stelle citiert, die ihn als rückhaltlosen Verteidiger ungeschminkter und ungepuderter Natürlichkeit in der Kunst kennzeichnet; nicht ohne Bitterkeit schrieb er in einem wohl für den Druck bestimmten Aufsatz „über den Verfall der Künste" die Sätze nieder: „Könige wissen sich selten in dem, was die Kunst betrifft, selbst zu rathen ... des Königs (Friedrichs II.) Geschmack wurde auch französisch. Er schaffte sich watteausche und lancretsche Gemählde an und behängte damit die Wände in Sanssouci." Für den begeisterten Apostel künstlerischer Wahrhaftigkeit hatte Friedrich der Große so wenig einen Blick, wie für Lessing, der den Kampf gegen welschen Schwulst und Abgeschmack auf litterarischem Ge-

deutsche Geistes- und Kunstleben des achtzehnten Jahrhunderts stand unter französischer Vormundschaft. In Berlin hatte kein Geringerer als der Große König selbst die Parole ausgegeben, daß es nur eine Kunst und Litteratur gäbe: die französische. Voltaire war sein Lieblingsschriftsteller, Franzosen seine Hofmaler. Mit urteilsloser Bewunderung blickte man hinüber zu den koketten Feerien des französischen Rokoko, die lediglich einen Hof und Theaterkunst repräsentieren. Die leichtfertige Anmut eines Boucher, Pater und Lancret, die technische Virtuosität der Illustrationen eines Gravelot, Choffard, Marillier erschienen den deutschen Künstlern als das höchste und letzte Ziel, dem zuzustreben alle Kräfte eingesetzt werden mußten, selbst zu einer Zeit, als jenseits der Vogesen bereits ein Widerspruch gegen die verzärtelte Geschmacksbildung der älteren Generation sich erhob. Diderot hatte in seinen Salonkritiken

Abb. 162. Trachtenbild aus dem 17. Jahrhundert. Almanac de Gotha. 1795. (E. 517.)

biet aufnahm. In der bildenden Kunst wurde dieser Kampf, das wird jeder Unbefangene eingestehen müssen, allerdings mit recht ungleichen Waffen geführt. Auf seiten ungebildetes Publikum. Klagt doch Ewald von Kleist gelegentlich, daß man „in dem großen Berlin kaum drei bis vier Leute von Genie und Geschmack" träfe. Unter solchen

Abb. 163. Segest übergibt Germanicus die Burg.
Illustration zu Kleins Leben der großen Deutschen. Mannheim 1785. (E. 351.)

der Franzosen geistiprühende graziöse Beweglichkeit, raffinierte Technik, durch alte Kultur anerzogene Kunstgewöhnung, bei den Deutschen philiströse Schwerfälligkeit, mangelhafte technische Erziehung, ein künstlerisch Verhältnissen verdient jeder Versuch, sich aus der Sphäre deutscher Unzulänglichkeit zu neuen Zielen aufzuraffen, doppelte Bewunderung. Aber Chodowiecki gab sich über die Bedeutung seines Wirkens darum keinen

Abb. 161. Illustration zu Wielands Idris. Lauenburger Kalender. 1790. (E. 608.

Illusionen hin, seine bescheidene Selbstgenügsamkeit spricht sich in den Versen aus, die er einem Kalenderkupfer von 1779 (E. 306, 5) als Unterschrift beifügte:

Mein Gärtchen ist nur klein
Doch groß genug, mich zu
 ernähren
Und frisch genug, mich zu
 erfreun.
Willst du mir, Himmel,
 einen Wunsch gewähren,
So müßte stets mein Glück
 so wie mein Gärtchen
 seyn.

Und doch war dieses stillbeschlossene Gärtchen in dem großen Lande deutscher Kunst eines der am saubersten gepflegten und blütenreichsten, das auch heute noch, wo andere Gebiete im Staub der Vergessenheit versunken sind, den Blick des Wanderers immer wieder und wieder anzieht.

Wie hat sich Chodowiecki dies Glück der Unsterblichkeit errungen? Versuchen wir dem Wege nachzugehen, der ihn in den Kreis derer führt, die als Fixsterne am deutschen Kunsthimmel glänzen. Von dem unablässigen Fleiß, der keine Feierstunden kannte, ist gesprochen worden. Die technische Gewandtheit aber, die seinem Wollen das Gelingen sicherte, die glückliche Beobachtungsgabe und Frische der Auffassung, die ihn bis ins hohe Alter nicht verließ, waren nicht nur Ergebnis eifriger

Abb. 165. Allegorie auf den Tod
Friedrichs des Großen.
Göttinger Taschenkalender. 1792. (E. 661.

Studien, sie waren Geschenke der Natur. Wenn wir des Künstlers Skizzen betrachten — gerade sie sind die glaubwürdigsten Zeugen für die Echtheit des Talents, das sich in flüchtigen Augenblicken glücklicher Inspiration am reinsten offenbart — so entdecken wir eine Leichtigkeit der Hand, ein Unterscheidungsvermögen wie die hier abgebildeten Studien eines für Charakteristisches und Gleichgültiges, eine Fähigkeit, mit wenigem alles zu sagen, die wir aus den ausgeführten Arbeiten mit ihrer nicht selten kleinlich erscheinenden Accuratesse und ängstlichen Durchführung niemals herauslesen könnten. Diese flüchtigen Zeichnungen,

Abb. 166. Vignette zu Müllers Verschanzungskunst. Potsdam 1782. (E. 458.)

Abb. 167. Porträt der Babette Renelle. Rötelzeichnung im Besitz der Frau Dr. Ewald, Berlin.

Abb. 168. Porträt der Françoise Renelle.
Rötelzeichnung im Besitz der Frau Dr. Ewald. Berlin.

zu spüren, wo Shakespeares Gestalt in der genialen Interpretation Brockmanns die Einbildungskraft des Meisters zu ungewohnter Lebhaftigkeit entflammte. Zu diesen glücklichen, scheinbar direkt von inneren Impulsen angeregten Augenblicksschöpfungen zählen auch einige Blätter der Danziger Reise, wie die Kirchgängerinnen (Abb. 141, 142), das polnische Starostenpaar (Abb. 50), den Bürgermeister Conradi (Abb. 51), Frau Chmichen (Abb. 143) und jene köstlichen Rötelzeichnungen, die uns Frauen und Mädchen bei ihrer Arbeit oder in träumerischer Selbstvergessenheit schildern (Abb. 144—146). Hier ist Chodowiecki dem Charme eines Watteau so nahe gekommen, wie sonst nie; aber es steckt in seinen Gestalten unendlich größere Ehrlichkeit, viel mehr Respekt vor der Natur und sogar etwas mehr Energie

vom Rücken gesehenen Kavaliers (Abb. 139), einer am Tisch stehenden Dame (Abb. 137), eines Mädchens, das ein Gepäckstück im Arm hält (Abb. 140) — sie alle sind in ausgeführten Werken, für die der Meister stets seine Mappen plünderte, benutzt zeugen von einer gott begnadeten Schärfe des Blicks, sie atmen ein Leben und eine Beweglichkeit, die, wie gesagt, oft den nach ihnen ausgeführten Arbeiten zu mangeln scheint. Selbst das, was man Chodowiecki zuletzt zutrauen möchte, leidenschaftliches Temperament, kommt in einzelnen Skizzen, wie in dem Entwurf zur Figur des Hamlet (Abb. 138, E. 252) zum Ausdruck. Man glaubt hier die Erregung des Augenblicks

Abb. 169. Porträt von Chodowieckis Schwiegervater Jean Barez. Rötelzeichnung im Besitz der Frau Dr. Ewald. Berlin.

der Technik (Abb. 147 bis 151).

Anderes wieder, wie z. B. die Figur des Gefangenwärters aus dem „Großen Calas" (Abb. 153), zeigt uns, wie gewissenhaft die Einzelheiten größerer Kompositionen ausgefeilt wurden. In Meusels „Miscellaneen artistischen Inhalts" erzählt Chodowiecki selbst von den Schwierigkeiten, die ihm die Platte zum Calas gemacht, und erwähnt dabei auch diese Studie: „Als ich die Platte zu ätzen anfing, benahm ich mich so ungeschickt mit dem Scheidewasser, daß der erste Abdruck mir ganz unbrauchbar schien. Man riet mir, die Platte noch einmal mit Firnis zu überziehen, mit der Radiernadel nachzugehen und noch ein

Abb. 170.
Rötelporträt. Im Besitz der Frau Dr. Ewald. Berlin.

Abb. 171.
Porträt von Frau Chodowiecka. Miniatur auf Elfenbein im Besitz von Frau A. Haslinger. Berlin.

mal zu ätzen. Ich that's und der Erfolg war eben so wenig befriedigend, als beim erstenmal. Hieraus entstanden zweierlei Abdrücke, die, da sie in sehr geringer Anzahl gemacht wurden, äußerst selten sind. Nun ließ ich die Platte abschleifen: mittlerweile retouchierte ich noch mein Gemälde, machte zu der Figur des Schließers noch eine Zeichnung nach der Natur und malte ihn ganz wieder über." Fuß und Hände des knieenden Mannes sind auf dem Blatt zum Gegenstand besonderer Studien geworden. Damit fing die eigentliche Arbeit an, bei der Chodowiecki niemals die Unsicherheit des zwar glücklich beanlagten, aber doch ängstlichen Dilettanten ganz verließ. Seine Ausbildung war niemals systematisch geleitet worden, er war und blieb in vielen Dingen durchaus Autodidakt. Auch die zahlreichen Aktstudien in Rötel, die wir von seiner Hand besitzen meist Früchte jener Abendstunden, die er anfangs in Rodes Atelier, später in der Akademie zubrachte — (Abb. 154, 155), lassen uns trotz der Sorgfalt, mit der sie den sichtbaren Einzelheiten der Körperbildung nachgehen, doch die tiefere Kenntnis der Struktur des menschlichen Leibes und das Gefühl für richtige Verhältnisse vielfach vermissen. Dabei machen sie den Eindruck des Gequälten, Ungelenken, die Freude an der Beobachtung scheint beeinträchtigt durch die pedantischen Schulmeisterregeln, von denen sich der Zeichner nicht zu emanzipieren vermochte, obwohl er genau ihre Gefahren erkannte. So schreibt er in der mehrfach citierten Selbstbiographie: „Jedoch die Manier ist immer ein Ab-

Abb. 172. Porträt des Pastor Hermes (?).
Rötelzeichnung im Besitz der Frau Dr. Ewald. Berlin.

Abb. 173. Weibliches Porträt.
Rötelzeichnung im Besitz der Frau Dr. Ewald. Berlin.

weichen von der Wahrheit und jede Abweichung von derselben ein Fehler. Wer nun einen anderen Künstler in seiner Manier nachahmt, der übertreibt sie noch, erreicht seine Schönheit nicht und vergrößert nur seine Fehler oder macht sie noch auffallender: ebenso wenn ein Mensch die Physiognomie eines anderen nachäffen will, so übertreibt er das, was der zum Auffallen an sich hat, und macht eine unangenehme Grimasse."
„Dieses akademische Aktzeichnen," so heißt es an einer anderen Stelle derselben Schrift, „währte aber nur wenige Jahre. Und das wäre nicht genug? wird ein schon ausgelernter Künstler fragen. — Nein, lieber Mann! Wenn du dein ganzes Leben nach dem Leben zeichnest, so wirst du am Ende desselben fühlen, daß dir noch vieles zu lernen übrig blieb, und

Abb. 171. Männliches Porträt.
Rötelzeichnung im Besitz der Frau Dr. Ewald. Berlin.

uns deutlich seine allegorischen, historischen und biblischen Kupfer. Die Fähigkeit, zu gestalten, erlahmt, sobald ihr die Stütze der Naturbeobachtung und Vergleichung fehlt. Schon die frühen Emailbilderchen, wie jene oben erwähnten sechs Passionsscenen (Abb. 5 bis 8 u. 158, 159) verraten die Unselbständigkeit seiner Phantasie: sie sind Kopien nach Kupfern Sebastien Leclercs, und die religiösen Darstellungen aus Lavaters Jesus Messias (Abb. 160) sind ebenfalls nichts weniger als originell und tiefgründig. Gleichwie Raffael Mengs sehen wir Chodowiecki zwischen den Vorbildern der italienischen Renaissance und denen der großen Niederländer des siebzehnten Jahrhunderts ohne eigene Einfälle einherschwanken.

Trotz seiner starken Religiosität, die er 1799 gegen den freidenkerischen Nicolai in einem längeren Aufsatz verteidigte, glauben wir aus seinen biblischen Kompositionen

du nicht zu viel gezeichnet hast." In der That hat auch Chodowiecki bei allem guten Willen, bei allen noch so eifrigen Studien vor der Natur da, wo er frei erfand, niemals die Fesseln der herrschenden Manier ganz abzustreifen vermocht. So fallen uns bei den meisten seiner Gestalten die überschlanken Verhältnisse auf; oft gibt er den Figuren acht bis neun Kopflängen (Abb. 56, 59, 63, 107). Auch die Art, wie seine Menschen einherschreiten und sich bewegen, ist nicht immer ohne konventionelle Gespreiztheit. Man betrachte z. B. die Blindekuhspieler auf dem Gemälde im Berliner Museum (Abb. 34) und verschiedene Radierungen (Abb. 69, 109, 110, 121) daraufhin. Fast immer erkennt man auf den ersten Blick, welche Gestalten in seinen Kompositionen nach der Natur gezeichnet sind, und welche er frei erfand.

Chodowieckis Erfindungskraft ist ohnehin nicht groß. Das lehren

Abb. 175. Porträt der Frau Catel.
Rötelzeichnung im Besitz des Direktor Wichern. Altona.

Abb. 176.
Porträt eines polnischen Knaben. Rötelzeichnung im Besitz der Frau Dr. Ewald. Berlin.

herauszufühlen, daß ihm ein innerliches Verhältnis zu diesen Dingen abging, daß ihm das Bedürfnis fehlte, durch seine Kunstsprache die Gläubigen zu erbauen oder zu eigener Auffassung zu bekehren. Dafür spricht schon die auffallend kleine Zahl von religiösen Darstellungen, die sich in seinem Werk finden. Auch darin erkennen wir seine nie verleugnete Ehrlichkeit wieder. Zu den Fragen, die in der Aufklärungsepoche so viele Gemüter leidenschaftlich erhitzten, nahm er einen versöhnlichen Standpunkt ein, wie er sich ausspricht in den folgenden Worten des eben erwähnten Schreibens an Nicolai: „Kein Freydenker ist verwünschenswerth, aber zu beklagen ist ein jeder, der es ist, und man muß sich wohl hüten, seinem Gelegenheit zu geben, es zu werden."

Die historischen Darstellungen unseres Künstlers fordern den modernen Beschauer, der stolz darauf ist, sich „in den Geist der Zeiten" zurückversetzen zu können, zu herber Kritik, ja oft zum Spott heraus. Bei aller Gründlichkeit seiner Kostümstudien, die damals dem Maler nicht so erleichtert wurden, wie in unserem Zeitalter der Museen und Publikationen, weiß er doch mit Stoffen aus einer weiter zurückliegenden Zeit wenig anzufangen. Durch Panzer und Pluderhosen blickt überall das achtzehnte Jahrhundert mit seiner Zierlichkeit und bürgerlichen Wohlhäbigkeit durch (Abb. 161, 162). Vollends die alten Germanen, nach Klopstocks Vorgang als Kelten frisiert, eigentlich aber Weißbierphilister in Statistenhaltung, vermögen uns nicht zu überzeugen (Abb. 163), und die Antike, der seit Winckelmanns

Weibliches Porträt.
Rötel- und Kreidezeichnung im Besitz von Prof. Max Mauer in Berlin.

Tagen so viel aufmerksames Studium sich zuwandte, behält in Chodowieckis Gestaltung den ballettmäßigen Anstrich der Rokokokunst (Abb. 161). Die Formensprache der klassi- von halbverstandenen und deshalb dem Beschauer unverständlichen Symbolen und nüchtern aufdringlicher Deutlichkeit darstellen. Das Bemühen, möglichst viel in die Alle-

Abb. 177. Frau Chodowiecka. Ölbild von Anton Graff in der königl. Akademie zu Berlin.

schen Kunst mit ihrer Einfalt und stillen Größe blieb für ihn stumm. Am schlimmsten aber steht es um seine sinnbildlichen Einfälle, die ein unerquickliches Gemisch gorie „hineinzugeheimnissen," verdirbt ihm meist das künstlerische Konzept, und für das heroisch Große, das er versinnlichen möchte, fehlt ihm Linien und Formengefühl. Wie

Kaemmerer, Chodowiecki.

Abb. 178. Porträt der Jeanette Chodowiecka. 1771.
Rötelzeichnung im Besitz der Frau Dr. Ewald. Berlin.

que pour les héros du theâtre!" und befahl sogar die Vernichtung dieser Platte, von der sich in der That nur ganz wenige Abzüge erhalten haben. Chodowieckis Porträts sind von ungleichem Wert; viele von ihnen verdanken ihre Entstehung offenbar Aufträgen, die lediglich den Geschäftsmann, aber nicht den Künstler in ihm angingen. Mit staunenswerter Behendigkeit wußte er die wesentlichen Züge eines Kopfes in anscheinend sorgfältiger Röteltechnik auf das Papier zu bringen, wobei er, dem bequemen Vorbild eines Saint-Aubin u. a. folgend, die Profilstellung bevorzugte. Die charakteristische Umrißlinie mußte zur Ähnlichkeit das Beste thun, die Modellierung und Innenzeichnung wurde etwas flüchtiger abgethan, und die gleichmäßige Kreuz

mesquin wirkt z. B. seine Darstellung des Fürstenbundes, wo Friedrich der Große, natürlich antik gewandet, den Kurfürsten und Herzögen die Hand über dem Altar der Einigkeit reicht, die Allegorie auf den Tod des Großen Königs (Abb. 165) oder das theatralische Pathos der Kriegsgöttin Bellona, die den schulbubenhaften Genius des Kampfes zum Entwerfen von Verschanzungsplänen anleitet, während rechts vor ihren Füßen eine Granate platzt (Abb. 166); mit Recht rief Friedrich, als ihm eine allegorische Verherrlichung seiner Siege (E. 21) von Chodowiecki vorgelegt wurde: „Ce costume n'est

Abb. 179. Die Demoiselles Quantin. 1758.
Bleistiftzeichnung im Besitz von Rosenbergers Erben.

schraffierung des Hintergrundes sorgte für das plastische Hervortreten der Köpfe. Gewissenhaft gab er die Einzelheiten der weiblichen Coiffure wieder (Abb. 168, 175, 180), was sicherlich nicht wenig dazu beitrug, daß die Damen ihn gern als Verewiger ihres Exterieurs in Anspruch nahmen. Mit Stolz berichtet Johanna Schopenhauer, die Mutter des großen Philosophen, daß ihr als kleinem Kind das Glück wurde, von unserem Meister in Danzig porträtiert zu werden, und zahlreiche andere Damen der

Abb. 180. Porträt der Zufette Chodowiecka Rötelporträt im Besitz der Frau Dr. Ewald. Berlin.

Danziger Gesellschaft waren eifersüchtig auf die Ehre, während seines Aufenthaltes in der Vaterstadt ihm zu einem Konterfei sitzen zu dürfen. Aus seinen eigenen Zeichnungen (Abb. 47) erfahren wir, wie es dabei zuging. Der Künstler rückte sich ein kleines Tischchen ans Fenster, um gutes Licht zu haben, setzte das Modell, nachdem die Vorhänge der übrigen Fenster herabgelassen waren, in passende Positur, und nun arbeitete er, der frühzeitig schon seiner Kurzsichtigkeit wegen sich einer Brille bediente, unter stetem Vergleichen und Hinüberblicken, an seiner Aufgabe. Der Miniaturmaler verleugnet sich nicht in der

Abb. 181. Isac Heinrich Chodowiecki. Rötelzeichnung im Besitz der Frau Dr. Ewald. Berlin.

Abb. 182. Dr. Zelander. Ölbild in der Gemäldegalerie der königl. Museen. Berlin.

Abb. 183. Joseph Hantz. Ölbild in der Gemäldegalerie der königl. Museen. Berlin.

Art und Weise, wie er, dicht über das Blatt gebengt, seine Zeichnung ausführt, und seine Kurzsichtigkeit erklärt uns die verkleinlichende Durcharbeitung der Einzelheiten, die ihm vielfach den Blick für das Ganze trübte. Nicht selten nahm Chodowiecki auch von den in Rötel gezeichneten Porträts, die übrigens meist in einem sehr viel größeren Maßstab gehalten sind, als seine radierten Bildnisse, einen Abklatsch in der Kupferdruckpresse, der sich durch Unklarheit der Linien, und, falls sich Schrift darauf befindet, durch die rückläufige Rich-

Abb. 184. Illustration zum Kgl. Großbritannischen Kalender. 1783. E. 689.

tung derselben zu erkennen gibt.

Am liebenswürdigsten und lebendigsten sind die Bilder von Mitgliedern seiner Familie, wie das ebenfalls in roter Kreide ausgeführte Profil seines Schwiegervaters, des ehrsamen Seidenstickers Jean Barez aus der Champagne (Abb. 169) oder der aus einem bauschigen Tüllschleier freundlich herausblickende Kopf seiner Frau, eine Miniatur auf Elfenbein (Abb. 171), der man das Bestreben anmerkt, die von Anton Graff nicht ganz glücklich getroffenen Züge (Abb. 177) noch schärfer zu individualisieren; ferner

Abb. 185.
Porträt Hoeltys.
Titelkupfer zu Voß' Musenalmanach. 1778. E. 197.

Abb. 186. Porträt des englischen Admirals Hawser Trunion. Titelkupfer des Berliner Genealogischen Kalenders. 1786. (E. 547.)

Abb. 187. Entwurf zu der Radierung. Bleistiftzeichnung im Besitz der Frau Dr. Ewald. Berlin. (E. 455.)

Abb. 188. Entwurf zu der Radierung. Bleistiftzeichnung im Besitz der Frau Dr. Ewald. Berlin. (E. 445.)

das allerliebste Kinderporträt seiner etwa zweijährigen Tochter Jeanette, die, an einem mit Spielzeug beladenen Stuhl stehend, mit schelmischen Augen dem Beschauer entgegenlacht (Abb. 31); als dreizehnjährigem, altklugem Backfisch begegnen wir ihr wieder in einem Rötelprofil (Abb. 178). Ebenso besitzen wir von der zweitältesten Tochter des Künstlers, Susette, ein Kinderporträt (Abb. 120) und eine Zeichnung aus späterer Zeit (Abb. 180). Auch die Züge seiner Söhne Wilhelm und Isac Heinrich (Abb. 181), sowie seiner Enkel (Abb. 121) sind in Bildern des Vaters auf uns gekommen. Die schelmischen Mädchengesichter der Schwestern Quantin schließlich, die ihm für eine seiner frühesten Radierungen Modell standen (Abb. 27), glauben wir in der ungewöhnlich frischen Bleistiftstudie im Besitz von Nachkommen Chodowieckis (Abb. 179) wiederzuerkennen.

Die beiden englischen Naturforscher

Abb. 189. Titelvignette zu Storchs Gemälde von Petersburg. Riga 1794. (E. 700.)

Abb. 191. Porträt des Kaufmanns Levin. Ölbild in der Gemäldegalerie der Königl. Museen. Berlin.

122   Daniel Chodowiecki.

Abb. 192. Titelkupfer zur Geschichte eines Genies.
Leipzig 1780. (E. 316.)

sogar eine gewisse malerische Breite voraus hat.

Unter den radierten Bildnissen steht das Brustbild der Prinzessin Friederike Sophie Wilhelmine von Preußen, einer Nichte des Großen Königs und späteren Gemahlin des Generalstatthalters der niederländischen Provinzen Wilhelm V. von Oranien (E. 45), in Auffassung und Zierlichkeit der Technik obenan. Aus der großen Zahl der übrigen, die vielfach schematisch und leer im Ausdruck wirken und dem Beschauer nicht die Überzeugung zu wecken vermögen, daß sie sonderlich ähnlich seien, ist das des Hofpredigers Stosch (E. 161), die Brustbilder von Graff und Becker (E. 742), sowie die Porträtvignette der Schriftstellerin Sophie Schwarz (E. 659) als besonders gelungen hervorzuheben. Daß die vielbegehrten und deshalb fabrikmäßig nach fremden Vorlagen hergestellten Miniaturporträts sich selten über das Niveau der Mittelmäßigkeit erheben, ist begreiflich. Sie besitzen so wenig individuelle Haltung, daß es

Solander und Banks, die 1772 durch die Entdeckung der Basaltsäuleninsel Staffa bei Island die Aufmerksamkeit der gebildeten Welt auf sich gelenkt hatten, porträtierte Chodowiecki in zwei kleinen Ölbildern, die sich heute in der Berliner Galerie befinden (Abb. 182, 183). Künstlerisch ihnen überlegen ist das in derselben Sammlung bewahrte Bildnis des Kaufmanns Levin, des Vaters der durch ihre litterarischen Beziehungen zu den Romantikern des Berliner Dichterkreises bekannten Rahel, nachmaligen Gattin Varnhagens von Ense (Abb. 191). Auch dies Porträt hält sich, wie die beiden oben erwähnten, erheblich unter Lebensgröße, aber es besitzt für eine Ölmalerei Chodowieckis ungewöhnlich gute koloristische Haltung; es wirkt trotz seiner Kleinheit nicht kleinlich und reicht in der leben sprühenden Wiedergabe des dargestellten Charakters fast an die berühmten gleichzeitigen Leistungen Anton Graffs heran, vor denen es

Abb. 193. Illustration zum Kgl. Großbritannischen Kalender. E. 689.

schwer hält, unbezeichnete Stücke
der Art mit Sicherheit für unsern
Meister zu reklamieren.

Wenn man Chodowieckis Be-
deutung als Illustrator
würdigen will, muß man sich vor
allem den Charakter und die verschiedenen Strömungen des gleichzeitigen Schrifttums vergegenwär-
tigen. Seine ganze Kunstart fordert
dazu heraus, ihn mit den litterarischen Zeitgenossen zu vergleichen:
ist er doch, wie sie, vorzugsweise
ein erzählender Künstler.

Vor dem Auftreten unserer
großen Klassiker hielt Kritik und
verständige Nüchternheit die freie
Produktion Deutschlands in engen
Schranken. Lehrhafte Neigung
überwog; Fabel und Parabel bildeten die beliebteste Gattung der
Poesie. Erst durch Lessings Auftreten wurde Berlin zum Mittel-
punkt geistiger Regsamkeit. Obzwar Chodowiecki in manchen Zügen
Wahlverwandtschaft mit dem Dichter der Minna von Barnhelm ver-
bindet, der gleich ihm das deutsche

Abb. 194. Das Weihnachtsfest. (E. 851.)
Illustration zu Langs Almanach. Heilbronn 1799.

Abb. 195. Titelkupfer. (E. 596.)

Bürgerleben für die Kunst entdeckt hat, wäre
es doch verwegen, ihn etwa den Lessing der
Malerei zu nennen. Wohl aber spüren wir
in seinem Wesen und seiner Auffassung der
Dinge, die um ihn her geschehen, Etwas von
der kindlichen Naivetät des Wandsbecker Boten
Claudius, dem Witz Hippels, der Innigkeit
Pestalozzis, der Satire Lichtenbergs, Etwas
von Matthissons Sentimentalität, Ifflands
theatralischem Geschick, Nicolais und Johann
Jacob Engels Nüchternheit, Krummachers Ge-
mütseinfalt und Seumes männlicher Art, und
all das nicht in widerspruchsvollem Neben-
einander, wie etwa bei Lavater, sondern in
ausgeglichener Mischung als Ausdruck einer
anpassungsfähigen und doch kernhaften Natur.
Auch die Werke der älteren Dichtergeneration
bringen einzelne Saiten seines Ichs zum Mit-
schwingen. Gewinnen auch Hagedorns tän-
delnde Anakreontik und Gottscheds Franzosen-
kultus keine ausgeprägte Gestalt in seinen

Werten, so gemahnt uns Vieles bei ihm an Rabeners bürgerliche Satire, Gellerts Klarheit und Biedersinn, Pfeffels Humanität und Gleims patriotisches Pflichtbewußtsein.

Daß wir all diesen mannigfachen Regungen der schöngeistigen Bewegung Deutschlands in Chodowieckis Kunst begegnen, erhöht den Reiz ihrer Betrachtung, und selbst da, wo die litterarische Fassung der Zeitideen für unser Empfinden bereits verblaßt ist, belebt ihr künstlerisches Spiegelbild unser nachfühlendes Interesse von neuem. Das

Darstellung tragisch zu nehmen, selbst der Tod Friedrich des Einzigen (Abb. 96, E. 614) oder des Fürsten Potemkin (Abb. 184, E. 689) haben etwas ungewollt Komisches, wie nicht minder die Ohnmacht Heloisens (E. 535, Abb. 83) und der Raub der Helena (E. 731). Hier unterliegt seine Gestaltungskraft durchaus der Beschränktheit zeitgenössischer Auffassung.

Bei den Illustrationen zu Romanen wählt unser Künstler keineswegs immer die dramatisch zugespitzten Wendepunkte der

Abb. 196. Rückseite der Zeichnung Abb. 197.

naiv Menschliche in des Meisters Gestalten ist es, was uns immer von neuem anzieht und festhält. Wir beschäftigen uns mit ihnen, ohne weiter viel an die besondere litterarisch fixierte Situation zu denken. Und, wie es Menschen gibt, deren Liebenswürdigkeit uns die Trivialitäten überhören läßt, die sie vorbringen, so kann man auch Chodowiecki nicht böse sein, wenn er gelegentlich ins Platte verfällt. Sicherlich wäre er selbst der letzte gewesen, der sich beleidigt gefühlt hätte, wenn man das, was er ernst gemeint, einmal komisch fand. So wird es Manchem wohl schwer werden, das Erdbeben in Calabrien (E. 614) oder den Heldentod Schwerins (E. 567) in Chodowieckis Erzählung aus, sondern die Vorgänge, die seiner Neigung zur Schilderung idyllischen Behagens am meisten zusagen. Wenigstens sind dies die gelungensten unter den zahllosen Romanbildern seiner Hand. Wie reizend mutet uns z. B. die Scene aus Pestalozzis Lienhard und Gertrud an, wo die letztere mit ihrem Jüngsten im Arm an den Schloßherrn herantritt, um sich über die Bedrückungen des Vogts Hummel zu beklagen (Abb. 187, E. 445, Zeichnung dazu), oder die Begrüßung von Lienhard und Gertrud im Hause des armen Käthners Rudi (Abb. 188, E. 455, Zeichnung dazu), das Titelkupfer zu Schummels Wilhelm von Blumenthal (E. 348) oder die

Abb. 197. Fächerentwurf mit Wertherscene. Im Besitz der Frau Prof. Moser, Berlin.

Abb. 198. **Figurenstudie.** Rötelzeichnung im Besitz der Frau Dr. Ewald, Berlin.

lustige Episode aus Sternes empfindsamen Reisen (E. 464)! Das sind Genrebildchen von einer Einfachheit und zum Herzen sprechenden Wahrheit, die jeden litterarischen Kommentar entbehrlich machen.

Wo der Text Witz oder Humor verlangt, steht Chodowiecki meist seinen Mann. Wenn auch Cervantes' Don Quixote und Le Sages Gil Blas (E. 285) nicht eben Stoffe waren, die ihn zu besonders glücklichen Leistungen anregen konnten, so gelang ihm dafür um so besser die Travestie Blumauers mit ihrer spießbürgerlichen Komik (Abb. 193), die Verspottung trottelhafter Beschränktheit und Einfaltspinselei, wie sie in Nicolais Sebaldus Nothanker (Abb. 59, E. 131, 132, 101), in Müllers Siegfried von Lindenberg, — dem die köstliche Liebhaberaufführung von Lessings Minna entlehnt ist (Abb. 85, E. 490) —

Abb. 199. **Figurenstudie.** Rötelzeichnung im Besitz der Frau Dr. Ewald. Berlin.

und in dem komischen Roman Philipp von Freudenthal (Abb. 89, E. 390) so köstlich gegeißelt werden, sowie die gutmütige Satire in Gellerts Fabeln (Abb. 62—65, E. 141, 160). Unwiderstehlich komisch wirkt das starre Entsetzen der bettelhaften Meta aus der „Geschichte eines Genies" beim Anblick der Untreue ihres geliebten Syrup (Abb. 192, E. 346). Aber auch ernste Empfindungen, leidenschaftlichen Schmerz, herzbewegende Trauer bringt die Radiernadel des Meisters oft zu wirksamem Ausdruck, wenn das Milieu des bürgerlichen Standes, der ihm von Jugend auf vertraut war, mit dem er fühlte und dachte, gewahrt bleibt. So ergreifen uns die Sterbescenen aus Sebaldus Nothanker (Abb. 57, E. 102) und Hippels Lebensläufen (Abb. 77, E. 302) durch ihr echtes Gefühl, wenn sie auch der mattherzigen Rührseligkeit der Zeit entwelchen

Abb. 200. Rötelstudie im Besitz der Frau Dr. Ewald. Berlin.

Tribut zollen. Einzelheiten des Ausdrucks in der Haltung und den liebevoll durchgeführten winzigen Gesichtern fallen dabei mehr ins Gewicht, als die Gesamtstimmung, die er den Interieursscenen zu geben versucht. Es sind eben aber- und abermals muß es betont werden – die sympathischen Grundzüge in Chodowieckis Wesen, seine Ehrlichkeit und sein Kindergemüt, die selbst aus einer geschmacklosen Fassung mit dem Glanz echten Edelgesteins hervorleuchten. Daß die Schilderung der harmlosen und innigen Freuden bürgerlichen Familienglückes am stärksten solche Vorzüge erkennen läßt, dürfen wir auch an dieser Stelle nicht unwiederholt lassen (Abb.

2, 108, 110). Schon aus diesem Grunde und zugleich seiner kulturgeschichtlichen Bedeutung wegen wird Chodowieckis „Weihnachtsabend" in Langs Almanach von 1799 (Abb. 191, E. 851) stets einen besonderen Reiz auf den Beschauer ausüben. Bildet doch diese kleine Radierung einen der wenigen Belege dafür, daß die für unser Gefühl mit der Weihnachtsfeier so unzertrennlich verbundene Sitte der Ausschmückung eines Tannenbaums am Ende des vorigen Jahrhunderts in Deutschland noch keineswegs allgemein eingebürgert war; wir sehen hier vielmehr ein hölzernes oder metallenes Gestell zur Aufnahme der Lichter und Geschenkschmucks auf dem Gabentisch errichtet,

Daniel Chodowiecki.

zu dem die Eltern ihre jubelnden Kleinen führen. Solch ein Beispiel erinnert uns von neuem daran, daß Chodowieckis Darstellungen eine unerschöpfliche Fundgrube für den Kulturhistoriker bilden, wie sie denn von dem bedeutendsten Schilderer fridericianischer Zeit in diesem Jahrhundert, von Adolf Menzel, der in mehr als einer Beziehung auf unseres Meisters Schultern steht und lebhafte Verehrung für seinen großen Vorläufer hegt, mit Vorliebe benutzt worden sind.

Geringere Ausbeute gewährt das Chodowieciwerk dem Ornamentiker. Zwar entbehrt seine ornamentale Erfindung nicht der Zierlichkeit und Grazie, die dem „Zeitalter der Vignette" durchweg eignet, aber wir treffen viel seltener selbständige dekorative Entwürfe unter seinen Radierungen, als etwa in den Werken der französischen Illustrationsstecher, deren Vignetten, Titelbordüren, Culs de lampes und Randleisten von liebenswürdigen Einfällen förmlich übersprudeln und oft ihren figürlichen Darstellungen überlegen sind. Chodowiecki beschränkt die Zierkunst auf die Rahmen kleiner Rundbilder und auf Titelkartuschen. Eine glatte Umfassung, die oben mit einer Bandschleife, einigen Blütenzweigen oder Emblemen belebt ist, genügt ihm meist für den erstgenannten Zweck (Abb. 185, 70, 94, 95, 115), seltener finden wir einen Frucht- oder Blumenkranz dazu verwendet. Seine Schlichtheit, seine Abneigung gegen pomphaften Apparat prägt sich auch in solchen Nebendingen aus. Reicher, aber mit ihren emblematischen Zuthaten nicht immer erfreulich, sind die Kalendertitel bedacht (Abb. 195). Strenge architektonische Stilisierung vermeidet er zu Gunsten naturalistischen Beiwerks, in dessen Anordnung sich zumeist ein geläuterter Geschmack bekundet (Abb. 28). Der Wertherfächer im Besitz von Frau Professor Koner in Berlin (Abb. 197), mit seinen landschaftlichen Beigaben (Abb. 196), mag als Zeugnis für die Begabung des Meisters auf kunstgewerblichem Gebiet an dieser Stelle erwähnt sein.

Abb. 201. Die Karawane und Rembrandtstudie. K. 50.

Der stete Verkehr mit alten Kunstwerken mag eher auf seinen Geschmack bildend gewirkt haben, als die pedantische Erziehung der Akademie. Wir hörten, welchen Ruf er als Kunstkenner und Sammler genoß, und der Blick, den er uns in dem Cabinet d'un peintre in sein Heim gewährt, sowie das Verzeichnis der nach seinem Tode zur Versteigerung gelangten Kunstsammlung, lehren seine Neigungen näher kennen. Er selbst rühmt in der Unterschrift eines Blattes aus der Folge der Steckenpferdreiterei (E. 557) vom Kupferstichliebhaber:

Sein Pferd hat viel Bescheidenheit,
Es prahlt mit keinem Raub der farbigen Natur,
Und führet doch so leicht und weit
Wie jede Kunst, zu jeder Schönheitsspur.

Die Zahl der von ihm gesammelten Stiche und Radierungen betrug — mit Ausschluß seiner eigenen Arbeiten — rund zehntausend Blatt. Darunter waren besonders die französische und deutsche Schule reich vertreten. Von dem ihm vielfach verwandten lothringischen Sittenschilderer des siebzehnten Jahrhunderts, Jacques Callot, hatte Chodowiecki ein Werk von 250 Nummern zusammengebracht. Auch unter den zahlreichen Zeichnungen alter Meister, die er besaß, muß, wenn anders wir den Angaben des Kataloges trauen dürfen, manches wert volle Blatt gewesen sein. Eine Rembrandtstudie hat er in einer seiner frühesten Radierungen (E. 50, Abb. 201) mit so viel Feingefühl und Verständnis reproduziert, daß der Schluß erlaubt ist, er habe bei der Erwerbung seiner Kunstschätze, unter denen uns Gemälde von Paolo Veronese, Rubens, Wouwerman, Govaert Flinck, Pesne u. a. begegnen, es an strenger Kritik nicht fehlen lassen. Daß er gelegentlich auch aus dem Kunsthandel Vorteile zu ziehen nicht verschmähte, wird niemanden überraschen, der mit den Gepflogenheiten der Künstlerwelt jener Zeit einigermaßen bekannt ist. Die zahlreichen Besucher seines Ateliers, darunter Prinzen, Prinzessinnen und Kavaliere der Hofgesellschaft, werden gelegentlich vorgezogen haben, eines seiner Sammlungsobjekte zu erwerben, statt ihm selbst einen Auftrag zu geben. Denn das Honorar, das er für seine Leistungen beanspruchte, erschien nach damaligen Begriffen oft exorbitant. Sein Hauptbuch aus dem Jahre 1766 enthält z. B. unter der Rubrik:

Abb. 202. Die von der Brandstätte heimkehrende Löschkolonie der Charitédirektion 1769. Der letzte in der Reihe ist Chodowiecki. Aquarellierte Federzeichnung im Besitz der Frau Dr. Ewald, Berlin.

Miniaturporträts, die ihm ungemein rasch von der Hand gingen, und die er meist nach fremden Vorlagen ausführte, den ansehnlichen Posten von 375 Thalern, die er allein für die Arbeiten eines Vierteljahres zu beanspruchen hatte. Die Platte der Radierung, die Ziethen vor dem Könige sitzend darstellt (E. 565), schätzte er auf 500 Thaler.

Die Preise seiner Zeichnungen haben im Lauf des seit seinem Tode verstrichenen Jahrhunderts eine erstaunliche Steigerung erfahren, so wurde z. B. eine Federzeichnung, die 1801 mit 2 Thalern gut bezahlt galt, in der Auktion Hebich 1895 mit 135 Mark bewertet, die fünfzehn Tusch- und Bisterzeichnungen zu den Kupfern der Clarissa brachten 1801: 5 Thaler 16 Groschen, 1895: 230 Mark. Zwar wäre es voreilig, aus solchen Anzeichen allein die wachsende Wertschätzung des Meisters zu folgern, aber einen gewissen äußeren Maßstab für die Beurteilung, die die Nachwelt seinem Schaffen angedeihen ließ, bilden sie zweifellos. Daniel Chodowiecki steht auch heute noch vor uns als „kerngesunder Mann in krankhafter Zeit," als treuer Bewahrer und fleißiger Mehrer dessen, was die Natur ihm an Gaben und Fähigkeiten gegönnt, was er in emsigem Streben errungen, und bis heute ist die Prophezeiung nicht zu Schanden geworden, die an seinem frisch geschlossenen Grabe erklang: „Wenn Teutschland gegen seine vorzüglichsten Männer nicht ungerecht ist, so wird sein Name stets ehrenvoll in den Annalen der Kunst genannt werden!"